왜 그는 더 우울한 걸까?

왜 그는 더 우울한 걸까?

조너스 A. 호위츠 지음 이수경 옮김

책사람집

우울이 속삭이는 말들과 상관없이
당신은 더 나은 삶을 살 수 있다.

차례

CHAPTER 03

우울은 어떻게 사람의 생각과 행동을 바꾸는가?

CHAPTER 04

외로움이라는 감옥에서 벗어나는 법

CHAPTER 05

무기력의 늪에서 탈출하는 법

CHAPTER 06

정신과 의사를 만나기 전에 알아두면 좋은 것들

EPILOGUE

'작은 책'을 펴내며

지금 '당신'이 손에 들고 있는 이 책은 오직 당신을 위한 아주 개인적인 가이드다. 나는 당신 같은 사람들, 즉 지독한 우울에서 빠져나올 방법을 찾고 있는 이들을 위해 이 책을 썼다.

사실 우울함을 토로하며 병원을 찾는 사람들의 수는 해마다 늘어나고 있다. 하지만 이 책은 그들 모두를 위한 책이 아니다. 우울증에 대한 여러 가지 치료법을 요약하거나, 그저 '우울'에 관한 잡다한 이야기들을 다루고 있는 책이 아니라는 뜻이다. 재수 없는 하루를 보내서, 또는 지난밤에 자신이 응원하는 스포츠 팀이 시합에 져서 우울해진 사람을 다독이기 위함도 아니다. 이 책은 '그냥 기분이 언짢은' 사람들, '요즘 왠지 좀 울적하다'고 느끼는 사람들을 위한 그저 그런 종류의 포괄적인 책이 아니다. 나는 오직 심각한 우울을 앓고 있는 사람을 치료하기 위해 이 책을 썼다.

우리는 서로 만난 적이 없다. 아마 앞으로도 그럴 것이다. 하지만 나는 당신이 바로 내 앞에 있다고 생각하며 이 책을 썼다. 내 상담실에 앉아 있는 당신과 직접 대화하고 있다고 상상하며 이 글을 써 내려갔다.

나는 우울증이라는 주제에 관한 한 솔직하고 분명하게 말하는 것이 가장 중요하다고 믿는다. 그러므로 헛소리에 불과한 조언은 절대 하지 않을 것이다. 이를테면 간단하고 쉬운 비법 하나만 익히면 우울증에서 영원히 탈출할 수 있다는 얘기 같은 것 말이다. 이 책에는 당신의 문제를 마법처럼 한방에 해결해줄 '세상에서 가장 간단한 10단계 프로그램' 따위가 없다. 그런 책을 원하는 독자라면 책장을 덮고 다른 책을 알아보길 바란다. 나는 거짓말하는 사람이 싫다. 우울증이 그렇게 힘들고 고통스럽지 않다고 말하는 사람도 거기에 해당된다. 당신도 내 마음과 같을 것이다. 나는 당신에게 거짓말하는 사람이 되고 싶지 않다.

이 지독한 우울에서 벗어날 방법이 정말 있을까? 당연히 있다. 나는 당신에게 도움이 될 '구체적인 방법'을 알려줄 것이다. 여기에는 운동과 대인관계로 뇌의 화학물질을 변화시키는 전략, 삶에서 의미를 찾는 방법 등이 포함된다. 또한 우울증을 악화시키는 특정한 종류의 행동과 사고방식도 설명할 것이다.

예를 들어 우울증 환자가 술에 의존하거나 많은 양의 설탕과 포화 지방을 섭취할 경우, 뇌에서 훨씬 더 심한 우울감을 초래하는 화학물질이 다량 분비된다. 이런 행동이 우울증에 미치는 영향을 제대로 이해해야 우울증을 효과적으로 극복할 수 있다. 우울에 대한 구체적이고 정확한 지식을 갖추면, 그것에서 벗어날 가능성도 높아진다. 더 제대로 알고 행동할수록 우리는 더 강한 사람이 된다.

이 책의 아이디어를 떠올린 것은 대학원 시절이었다. 더 정확히 말하면, 조지 워싱턴 국유림에서 길을 잃었다가 낯선 사람에게 도움을 받고 나서였다.

1997년의 일이다. 수업이 없는 노동절 휴일, 나는 새벽 4시에 일어나 차를 몰고 버지니아 주 서쪽의 산악 지역으로 향했다. 나와 반려견 호퍼는 7시쯤 하이킹 코스 시작 지점에 도착했다. 중간중간 안내 표지판이 세워진 코스를 따라 산책을 즐기다가 너무 늦지 않은 오후에 주차장으로 돌아올 계획이었다.

오전에 한창 숲길을 걷고 있는데 몇 미터쯤 떨어진 덤불에서 갑자기 '쿠궁!' 하고 요란한 소리가 들렸다. 혹시 곰인가? 아니면 수사슴? 소리의 정체는 알 수 없었지만, 그때 호퍼가 느닷없이 달리기 시작했다. 녀석을 따라가 결국 붙잡기는 했지만 정신없이 뛰는 와중에 길을 꺾어야 할 지점을 놓친 게 분명했다. 계속 걷다가 적막한 비포장도로가 나왔을 즈음엔 이미 해가 넘어가고 있었다. 아무도 없는 산속에서 녹초 상태로 길을 잃은 것이다. 오두막 하나도 보이지 않았고 자동차 소리도 들리지 않았다.

호퍼와 함께 한 시간쯤 더 걸었을까. 마침내 우리 쪽으로 천천히 다가오는 자동차 소리가 들렸다. 나는 차를 향해 손을 흔들었다. 천만다행으로 픽업트럭은 우리 앞에 멈췄다. 호퍼는 온몸이 진흙투성이였고 저녁 어스름 속에서 나 역시 수상쩍어 보였을 텐데도, 픽업트럭 운전자는 내가 설명하는 자초지종을 성의껏 들어주었다. 그는 내 차가 세워진 주차장까지는 50킬로미터도 넘는다며 흔쾌히 우리를 그곳까지 태워다주겠다고 했다. 그의 설명에 따르면, 나는 주 경계선을 넘어 웨스트버지니아 주로 들어와 있었다. 그는 웨스트버지니아에서 온 남자였다.

차를 타고 가는 동안 그는 내게 무슨 일을 하느냐고 물었다. 나는 대학원에서 심리학을 공부하면서 우울증을 앓는 사람들을 연구한다고 대답했다. 남자는 한동안 말이 없었다. 그러다 창밖의 언덕을 가리키며 자기가 다니던 교회가 있는 곳이라고 했다. 사람들과 어울리기가 힘들어서 교회에 발길을 끊었다는 이야기가 낮은 목소리로 이어졌다. 남자는 잠시 말을 멈췄다가 "우울하고 무기력한 사람이 먹는 약이 있다던데 정말이냐."고 물었다.

그는 몇 년째 심한 우울에 시달리고 있다고 털어놓았다. 하지만 창피하고 두려워서 누구한테도 말한 적이 없다고 했다. 하루하루 괴로운 삶을 살고 있었지만 원인이 무엇인지도, 어떻게 해결해야 할지도 모르고 있었다.

벌써 20년도 더 된 일이지만, 지저분한 몰골의 호퍼와 나를 기꺼이 태워준 그가 잊히지 않는다. 이름이라도 물어봤더라면 하는 후회가 든다. 그에게 고마움을 전할 방법이 있다면 얼마나 좋을까. 만약 그때 이 책을 줄 수 있었다면 완벽한 해결책은 아닐지라도 일종의 나침반이 되어줄 수는 있었을 것이다. 우울에서 벗어나는 올바른 방향으로 그를 이끌어줄 수 있었을지도 모른다.

길 잃은 나와 호퍼를 구해준 은혜를 직접 갚진 못하지만, 대신 이 작은 책으로, 그와 비슷한 고통을 견디고 있을 사람들에게 도움을 주고 싶다. 지금의 괴로움에서 벗어나 더 나은 삶으로 향하는 데에 이 책이 도움이 됐으면 좋겠다.

■ ■ ■

당신이 이 책을 읽는 이유는 우울하기 때문이다. 우울증에 걸린 사람은 줄곧 부정적인 감정을 느끼는 것은 물론 집중력도 떨어진다. 뭔가에 집중하는 능력이 저하되기 때문에 책을 끝까지 읽기가 힘들다. 그러니 급하게 마음먹지 말고 천천히 읽기를 권한다. '아주 천천히'라도 괜찮다. 한꺼번에 다 읽으려고 하지 말고 수시로 책을 덮고 쉬어가며 읽으면 된다. 한 번에 한 페이지, 심지어 한 단락만 읽어도 좋다. 책을 읽다가 내키지 않으면 언제든 내려놓길 바란다.

고개가 끄덕여지는 부분에는 밑줄을 긋고 헛소리라고 느껴지는 내용은 언제든 줄을 그어 지울 수 있도록 펜을 들고 읽었으면 좋겠다. 그렇게 내가 한 말에 말대꾸를 하며 읽도록 하자. 페이지 여백이나 행간에 적고 싶은 말을 메모하면 더욱 좋다. 쓰레기 같다고 생각되는 내용에는 주저 없이 죽죽 줄을 긋자. 적극적인 자세로 읽을수록 책에서 더 많은 것을 얻는 법이다. 그런 과정을 거쳐 이 책은 오직 당신을 위한 개인적인 가이드가 되어갈 것이다.

나는 당신의 비판을 두 팔 벌려 환영한다. 당신이 적극적인 태도로 책 내용을 반박하고 고함을 지를수록 이 책은 더 강력하게 당신을 참여시킬 것이기 때문이다. 이 책을 읽는 사람들에게 꼭 알려주고 싶다. 우울증이 지금 속삭이는 말들과 상관없이 당신은 더 나은 삶을 살 수 있다.

그냥 조금
우울한 걸까,
우울증인 걸까?

살아가다 보면 슬픔을 감당해야 하는 때가 찾아오기 마련이다. 그저 조금 슬픈 것이 아니라, '건강한' 사람도 헤어나기 힘든 지독한 슬픔의 시간을 지나야 할 때도 있다. 예컨대 사랑하는 이를 잃었을 때, 우리는 영혼이 찢어지는 듯한 고통을 느낀다. 그런 엄청난 상실에 동반되는 슬픔은 말로 표현하기조차 힘들다. 죽음이라는 생의 종착역을 향해 달려가는 인간이라는 존재의 덧없음에 직면할때도 우리는 한없이 무력해진다. 이처럼 삶을 둘러싼 여러 일들과, 그 안에 깃든 근원적 고통을 들여다보게 될 때면, 어느덧 슬픔이라는 짙은 안개가 우리 몸을 휘감는다.

이런 슬픔의 감정은 인생의 저주도 아니고, 우리를 파멸시키는 함정도 아니다. 살아가는 일의 일부이자, 자칫 우리를 경솔하게 만들 때도 있는 기쁨에 대한 균형추가 되어주기도 한다. 하지만 애석하게도 우울증, 즉 오랫동안 지속되어 일상생활을 크게 방해하는 증상은 일시적이고 '정상적인' 슬픔과는 완전히 다르다. 그것은 영혼을 갉아먹고 생활 능력을 고갈시킨다. 뿐만 아니라 암울하고 끝없는 상념의 소용돌이에 우리를 내동댕이친다. 밤낮없이 걱정과 불안, 두려움에 빠져 살게 한다.

사실 우리는 '우울'이라는 말을 일상에서 꽤 자주 사용한다. 그러나 그 대부분은 우리를 곤란에 빠뜨리는 '우울증'과는 거의 관련이 없다. 예를 들어 사람들은 슬픈 기분이 몇 시간쯤 계속되면 '우울하다'고 느낀다. 원하는 뭔가를 얻지 못해서 속상할 때, 특별한 이유 없이 기분이 안좋고 짜증이 날 때도 '우울하다'고 표현한다. 이와 같은 '정상적인' 슬픔, 다시 말해 일시적으로 기분이 가라앉은 상태는 우울증과 명백하게 다르다. 잠을 잘 못 자고, 늘 피곤하고, 끊임없이 불안하고, 비참한 기분에 젖고, 매사에 짜증이 나고, 툭하면 화내고, 집중력이 떨어지고, 여기저기 몸이 아프고, 누구에게도 말하기 힘든 무기력감에 시달리는 상태와는 다르다는 것이다. 우울증을 앓아본 적이 없는 사람에게 일상적인 우울함과 우울증의 차이를 설명하기란 어려울 수 있다.

우울증은 다양한 종류의 증상으로 이루어진 정서적, 행동적, 신체적 증후군이다. 여기에는 기분, 식욕, 수면 패턴, 사고방식, 신체적 느낌의 부정적인 변화가 포함되며, 이들 증상이 복합적으로 나타나 일상생활에 심각한 지장을 초래한다. 중요한 것은 특정 증상 하나만으로 우울증을 규정할 수는 없으며 사람마다 증상이 다를 수 있다는 점이다. 또한 우울증의 증상들은 그 강도에 증감은 있지만, 꾸준히 나타나며 몇 개월, 심지어 몇 년간 지속되기도 한다. 우울증의 대표적 증상은 말 그대로 매사에 우울함을 느끼는 것이다. 날마다 대부분의 시간을 끔찍한 우울감 속에서 보낸다. 이런 심리상태는 '기분이 엉망진창이다', '울적하다', '마음이 슬프다' 등으로 다양하게 표현된다. 우울증을 앓는 사람은 자신의 생활 전반을 짙게 뒤덮은 우울감에 시달린다고 토로한다.

우울증은 우리의 감정, 생각, 행동을 은밀하게 장악해 서서히 자신의 힘을 강화한다. 그리고 고약한 바이러스처럼 결국엔 자신의 숙주인 우리를 파괴해 나간다. 우울증은 절대 만만한 적이 아니다. 우울증은 한 사람의 인생을 송두리째 파괴할 만큼 강력하다. 그러나 결국 물리칠 수 있는 상대이기도 하다. 그러려면 가장 먼저 적을 있는 그대로 진지하게 인정해야 한다. 정면으로 맞서야 하는 것이다.

우울증 테스트 10

우울증의 전형적 증상은 아래와 같다. 먼저 다음 증상 중
몇 가지나 해당되는지 체크해 보도록 하자.

1. 어떤 것에도 흥미가 없고 뭘 해도 즐겁지 않다

우울증을 앓는 사람은 거의 모든 일에서 재미나 즐거
움을 느끼지 못한다. 죽은 사람처럼 꼼짝 않고 아무것도
하지 않는 것은 아니지만, 뭘 해도 (심지어 예전에 좋아했던 활동에
서도) 즐거움을 느끼지 못한다. 뭔가를 하려면 억지로 기운
을 짜내야 한다.

2. 에너지가 없고 심한 피로를 자주 느낀다

뭔가를 하려 해도 에너지가 없고 쉽게 피곤해진다. 때
로는 깊이가 1미터쯤 되는 질퍽한 진창 속을 힘겹게 걷는

기분이다. 극심한 피로감 때문에 필요한 일을 제대로 해내기가 힘들고 뭔가를 시작할 의욕이 좀처럼 생기지 않는다. 따라서 해야 할 일이 있어도 자꾸만 피하게 되고, 그럴수록 스트레스와 우울감은 더 깊어진다.

3. 집중력이 크게 떨어진다

우울증이 있으면 뭔가에 집중하기가 힘들다. 당신은 '지금 이 책을 읽으면서도' 집중하기 힘들 것이다. 한 문장 한 문장 따라가기가, 지금 이 페이지에서 다음 페이지로 넘어가기가 쉽지 않을 것이다. 사실 지금 여기까지 읽은 것만으로도 기적이다. 도저히 집중하기가 힘들면 중단해도 괜찮다. 이만큼 읽은 것만으로도 충분하므로 책을 내려놓길 바란다. 적어도 30분 동안은 다른 일을 하라. 책을 읽을 수 있겠다 싶으면 그때 다시 지금 이 페이지로 돌아오면 된다. 당신이 소화 가능한 만큼씩만 나눠서 읽기 바란다. 한번에 끝까지 읽을 필요는 없다. 같은 단락을 반복해서 읽어도 상관없다. 두세 페이지씩 읽어도 좋다. 사실 그편이 더 나을지도 모른다.

4. 짜증이나 화를 자주 낸다

짜증이 늘고 사람들에게 날카롭게 쏘아붙이거나 소리를 지르는 일이 많아진다. 이런 짜증은 종종 타인이나 자기 자신을 향한 분노로 표출된다. 자신을 향한 분노는 흔히 부정적인 자기 비난의 형태로도 나타난다. 자기 비난은 우울증의 주요 특징이며 이에 대해서는 뒤에서 다시 자세히 설명하겠다.

5. 다양한 종류의 신체적 문제를 겪는다

우울증에 걸린 사람은 지속적인 우울감에 시달리는 것 외에도 두통, 어지럼증, 소화불량, 체중 변화, 근육통이나 관절통 같은 만성 통증 등 여러 종류의 신체적 증상을 겪는다. 허리가 아플 수도 있고, 무거운 돌덩이가 어깨를 짓누르는 듯한 통증이 오기도 하며, 온몸에서 힘이 빠져나간 것 같은 기분도 느낀다. 대부분의 사람들은 이런 연관관계를, 즉 정서 문제가 신체 증상으로 나타날 수 있다는 사실을 알아채지 못한다. 생각보다 더 어린 시절부터 대놓고 감정을 드러내는 것을 통제당하고 때로는 그 감정 자체를 무시하도록 교육받기 때문이다. "그만한 일로 왜 우니?" "이 정도 일도 이겨내지 못해서야. 쯧쯧!"
"사람들 앞에서 그게 무슨 짓이니?" "너한테는 무슨 말을
못 하겠구나!" 같은 말은 어렵사리 표현한 감정이 받아들
여지지 않고 거부당하는 상황을 잘 보여준다. 강한 사람
이 되려는 것이 잘못이라는 얘기가 아니다. 그러나 온갖
복잡한 감정을 느낀다는 사실을 인정하는 것이 곧 강한
것이며, 또 그래야 역경을 마주할 때 훨씬 더 효과적으로
이겨낼 수 있다. 감정은 마냥 부정한다고 해서 사그라들
거나 사라지지 않는다. 오히려 우울하고 슬픈 감정을 부
정하면 부정할수록 소화불량, 두통, 만성 요통 같은 신체
증상으로 나타날 가능성이 더 높아진다.

6. 정상적인 식습관이 흐트러진다

우울증에 동반되는 또 다른 신체 증상은 식욕 변화
다. 지나치게 많이 먹어서(대개 설탕과 포화지방이 잔뜩 든 음식을 폭
식함) 급격히 체중이 늘거나, 또는 반대로 식욕을 완전히
잃어서 체중이 크게 감소한다. 우울증을 앓는 사람은 정
크푸드에 탐닉하는 경우가 많으며 우울증이 심할수록
더 많이 먹는 경향이 있다. 정크푸드의 문제는 폭식 후에

배가 터질 듯한 비정상적 포만감을 유발할 뿐만 아니라, 체내 지방을 증가시켜 기분을 좌우하는 신경화학물질을 변화시키고 결과적으로 더 심한 우울감을 초래한다는 점이다.

7. 수면 사이클이 망가진다

우울증은 대체로 불면증을 불러온다. 아예 잠이 오지 않거나, 지속적으로 잠을 설치고 자꾸 깨곤 하며 일단 잠에서 깨면 다시 잠들기가 어려워진다. 이런 증상은 새벽에 특히 더 심하다. 또는 반대로 계속해서 자고 싶어 하는 '수면과다증'이 나타나기도 한다. 수면과다증에 걸리면 하루에 10시간 이상을 자도 낮에 피곤하고 졸리다. 중증 우울증 환자 중에는 불면증과 수면과다증을 번갈아가며 겪는 경우도 많다. 5부에서 건강한 수면을 위한 구체적인 전략을 소개할 것이다. 수면의 질은 기분을 좌우하는 중요한 요소다. 충분하고 깊은 수면은 긍정적인 기분을 만들어내는 기본 연료다.

8. 자존감이 낮아지고 죄책감에 시달린다

스스로 형편없는 존재라고 느끼는 것도 우울증의 주요 증상 중 하나다. 자신이 가치가 없다고, 남들에 비해 '중요하지 않은' 존재라고 여긴다. 나를 찾아오는 많은 우울증 환자들이 자기 자신이 혐오스럽다고 토로한다. "결국 나는 아무 짝에도 쓸모가 없습니다. 제대로 할 줄 아는 게 없어요. 나는 실패한 인간이고 구제불능입니다."라고 말한다. 게다가 이 자책은 지속되며 더욱 강화되는 경향을 보인다. 그들의 마음속에서는 "내가 왜 그랬을까?" "~를 했어야 옳았는데."라는 목소리가 계속 들려온다.

돌이켜 생각해보면 당신 역시 "그러지 말았어야 했는데." "~해야 하는데." 하고 자신을 책망하며 보내는 시간이 많을 것이다. 우울증은 어떤 행동을 해도 결국은 자신을 실패자로 바라보게 만든다.

9. 자꾸만 스스로를 비난하게 된다

죄책감은 끊임없는 자기 비난의 형태로 나타난다. 자기 비난의 목소리가 내면에서 반복적으로 자동 재생된다. 자신의 외모나 옷차림이, 타인에게 했던 말이, 어떤 말을 하지 않은 사실이, 오늘 한 어떤 행동이, 또는 어떤 행동을 하지 않은 사실이 마음에 들지 않아 스스로를 비난하고 또 비난한다. 오로지 당신 귀에만 들리는 이 괴로운 목소리는 무한 반복되는 노래처럼 귓가에 맴돈다. 책을 읽고 있는 지금도 아마 그 목소리는 "너는 무능해." "너는 우울의 늪에서 빠져나올 수 없어."라고 당신에게 속삭이고 있을 것이다. 하지만 그 목소리는 틀렸다.

10. 자살을 떠올린다

우울증 환자는 죽음을 자주 생각한다. 일반적인 의미의 죽음이 아니라 자기 자신의 죽음 말이다. 즉 스스로 목숨을 끊는 것을 자주 떠올린다. 이러한 '자살 생각(suicidal ideation)'은 우울증의 가장 위험한 증상 중 하나다. 자살 생각에는 이상한 역설이 동반된다. 날마다 계속되는 괴로움에서 벗어날 유일한 '치유책'으로 자살을 떠올림으로써, '일시적 문제에 대한 영구적 해결책을 구상'하는 것이기 때문이다.

만약 당신이 자살 충동이 든다면 즉시 누군가에게 도움을 받아야 한다. 정말이다! 이 책으로는 부족하다! 당장 이 책을 내려놓고 119에 전화하거나 정신과 의사를 만나라. 또는 24시간 운영되는 자살예방상담전화(1393)로 연락하길 권한다. '나의 이야기'를 들어줄 뿐 아니라. 자살이 염려되는 친구, 가족, 이웃, 동료 등을 도울 방법을 알려준다. 중앙자살예방센터(www.spckorea.or.kr)에서 더 자세한 정보를 얻을 수 있다.

인정하기!
당신은 우울증에 걸렸습니다

당신이 이 책을 읽고 나서 만일 딱 한 가지만 머릿속에 남긴다면? 나는 그것이 '정말 진지하게 우울증을 대해야 한다'는 사실이었으면 한다. 이 말이 이상하게, 심지어는 바보 같은 소리처럼 들릴지도 모른다. 당신이 절박하게 원하는 것은 생지옥과도 같은 지금의 괴로움에서 탈출하는 방법일 테니까 말이다. 물론 내 목표 역시 그 방법을 알려주는 것이다. 그러나 우울증을 물리치기 위한 첫 단계는 그것을 진지하고 심각하게 대하는 일이다. 자신의 우울증을 진지하게 여길수록 그것을 물리칠 구체적인 행동을 하려는 의지도 강해질 수 있다.

다른 심각한 질병을 진단받았을 때와 똑같이 우울증을 대해야 한다. 가령 병원에서 심각한 고혈압 진단을 받았다고 치자. 치료하지 않고 방치할 경우 뇌졸중으로 이

어져 생명까지 위험해질 수 있다는 이야기도 의사에게 들었다. 그런데 당신은 병원에서 나오면서 이렇게 생각한다. '까짓, 고혈압이 뭐 별거라고.' 다시 말해 자기 마음대로 그 질환을 과소평가하면서 진지하게 여길 필요가 없다고 생각해버리는 것이다. 당신은 고혈압의 심각성을 인정하지 않기 때문에 생활습관을 개선해야 할 필요성도 느끼지 못할 게 분명하다. 적어도 한동안은 아무 일이 없을지도 모른다. 하지만 계속해서 고혈압을 무시한 채 생활하는 것은 스스로 뇌졸중 발병 확률을 높이는 것과 마찬가지다.

만일 병원 문을 나서면서 이런 생각을 했다고 가정하자. '그래, 더는 내 병을 모른 척해서는 안 돼. 난 고혈압 환자야. 그것도 심각한 수준이야. 지금부터 고혈압 치료에 도움이 되는 것들을 꼭 실천해야지.' 이렇게 마음먹고 나면 상태가 개선될 가능성이 높아진다.

우울증도 마찬가지다. 우울증을 호전시킬 방법들이 분명히 있다. 그런데 많은 사람들이 자신의 우울증을 과소평가하고 무시한다. 특히 자신의 감정을 들여다보고 표현하고 돌보는 데 소홀한 사람들은 슬픔 같은 섬세한 감정들엔 더욱 무디다. 심지어 '이런 건 부정적이고 소모적인 감정이야'라고 스스로 낙인찍은 감정들을 무시하고 애써 회피하며 나약함의 신호로 받아들기도 한다.

특히 우울한 감정의 경우는 더 그렇다. 우울함이 밀려오면 내면의 목소리가 말한다. "그냥 툭툭 털어버리고 기운 내. 우는 소리 좀 그만해. 이겨내라고!" 이런 목소리는 그 감정이 틀렸다고, 우울감이 진지하게 대해야 할 뭔가가 아니라고 설득한다. 그렇게 자신의 감정을 있는 그대로 받아들이지 못하고, 반드시 취해야 할 조치와도 멀어지는 것이다.

우울증은 매우 심각한 질환이다. '그냥 툭툭 털어버릴 수 있는' 것도 아니고, 무시하고 놔두면 저절로 사라지는 것도 아니다. 수년간 삶을 지옥으로 바꿔놓고 경우에 따라서는 자살까지 시도하게 만드는 병이다. 거듭 당부하건대, 우울증을 진지한 자세로 대하고 그 존재를 있는 그대로 분명히 인정하자. 암이나 심장병, 또는 다른 중대한 질병에 걸린 경우와 마찬가지로 말이다.

우울증의 고약한 특징은 두뇌와 정신, 영혼을 장악해서 처절한 무력감에 빠트린다는 점이다. 우울증 환자는 자꾸만 이런 생각에 휩싸인다. '우울한 기분에서 빠져나오기 위해 내가 할 수 있는 게 없어. 도저히 내 문제를 해결할 수 없어. 아무런 희망도 없어.' 이 책을 읽는 지금도 우울증은 당신 귀에 이렇게 속삭일 것이다. "이거 전부 다 헛소리야. 대체 저자가 어떤 놈이야? 이 사람이 네 인생에 대해 뭘 알겠어? 네 괴로움을 그가 눈곱만큼이라도 제대로 알까? 네가 겪는 문제들을? 네가 겪어야 했던 진저리나는 고통을? 아냐, 이 사람은 개뿔도 모른다고."

우울증은 긴 시간 동안 당신과 함께 살아왔다. 당신 곁을 떠난 적이 거의 없다. 우울증은 시종일관 비관적인 음성으로 당신의 고통이 영원히 끝나지 않을 것이라고 설득한다. 그리고 당신이 무력감과 절망의 나락으로 떨어질수록 만족스러워한다.

우울증이라는 존재를 있는 그대로 진지하게 인정하자. 지금부터 그 방법을 구체적으로 설명하겠다.

당신과
당신의 우울증은
엄연히 다른 존재

앞서 나는 분명히 말했다. 우울증을 진지하게 대하는 것이 우울증을 물리치기 위한 첫 단계임을. 다시 말하지만, 대수롭지 않은 것으로 치부해서는 절대 안 된다. 하지만 우울증의 목소리는 당신이 이 책을 읽는 동안에도 "이건 전부 헛소리야!"라고 속삭일 것이다. 냉소와 절망이 가득한 톤으로 말이다. 우울증은 당신 어깨에 걸터앉아서 당신의 행동 하나하나를 조종하려고 든다. 당신은 이미 오랫동안 그 절망적인 목소리와 함께 살아왔고, 그 목소리는 당신이 우울의 늪에서 헤어 나올 수 없다고 설득하려 든다. 하지만 그렇지 않다. 지금 이 순간에도 당신이 할 수 있는 일이 분명히 있다. 새로운 관점으로 우울증을 바라보는 것이다. 한 가지 제안을 하겠다. 지금부터 당신의 우울증을 하나의 독립된 실체로 생각하도록 하자. 즉 우울증을 당신과 분리된 별개의 존재로 상정하는 것이다. 우울증 자체를 당신과는 다른 하나의 존재, 혹은 당신 옆에 붙어사는 그림자로 여기자. 잠시 눈을 감고 그 존재를 머릿속으로 그려보길 바란다. 나는 흐릿한 형체의 시커멓고 거대한 짐승이 떠오르지만 당신 머릿속에는 다른 이미지가 그려질지도 모른다. 어떤 형태든 상관없다. 처음엔 좀 어색하고 우스꽝스럽게 느낄 수도 있지만 일단 무조건 내 말대로 해보길 바란다.

그리고 그 이미지에 이름을 붙여라. 위대한 리더들 중 하나인 윈스턴 처칠(Winston Churchill)도 평생을 끔찍한 우울증과 싸웠다. 그는 자신의 우울증을 '검은 개(black dog)'라고 불렀다. 나는 내담자들에게 우울증을 '의욕 박탈 괴물'이나 '불안 망령' 등 그들이 원하는 이름으로 부르게 한다. 일단 이 책에서 나는 당신의 우울증을 '괴물(Beast)'이라고 부르겠다. 당신이 원한다면 다른 이름을 붙여도 상관없다.

그 괴물이 당신의 인생이라는 방 한쪽에 웅크리고 앉아 있는 모습을 상상해보자. 우울증은 당신이 어딜 가든 따라다닌다. 심지어 지금도 당신 옆에 찰싹 붙어서 이 책을 같이 읽고 있다. 너무나 분명하게도 그 괴물은 당신이 아니다. 당신이라는 존재와는 별개로 그 괴물은 존재한다. 당신은 당신이고 괴물은 괴물이다. 우울증과 당신은 서로 다른 실체다.

우울증을 독립된 실체로 생각하자고 하는 이유는 간단하다. '당신 = 우울증'이라는 생각이 잘못됐음을 이해하기 위해서다. 우울증을 당신의 본래 자아와 분리된 별개의 존재로 생각하기 시작하면, 당신의 의지력은 더 강해지고 우울증의 힘은 더 약해진다. 이렇게 관점이 변하면 우울증의 에너지를 빼앗는 긍정적인 행동을 실천하기가 더 쉬워진다.

당신과 우울증을 분리해서 생각하는 데 한층 더 도움이 되는 방법이 있다. 다음 문장을 소리 내어 읽어보자.

나와 나의 우울증은 같지 않다.
나는 나로 존재하고, 우울증은 우울증으로 존재한다.
나는 나로 존재하고, 괴물은 괴물로 존재한다.
나와 우울증은 다르다.

나도 안다. 아마 내 말이 머리로는 이해가 가지만 가슴에는 와 닿지 않을 것이다. 지금 당신은 "뭐래?" 하며 코웃음을 쳤을지도 모른다. 그래도 괜찮다. 당신과 우울증이 동일하지 않다는 사실을(즉 우울증이 당신의 원래 자아와 별개라는 사실을) 충분히 받아들이는 데에는 시간이 필요하기 마련이다. 게다가 우울증은 그냥 옆에서 당신을 지켜보고만 있지 않다. 이 문장들도 당신과 함께 읽고 있으며, 어떻게든 당신을 지금의 생각에 붙잡아두려고 할 것이다. 언제까지고 우울함에서 빠져나오지 못할 것이라고, 그게 진짜 당신 모습이라고, 당신이 할 수 있는 것은 아무것도 없다고 말이다.

교활하고
은밀하게

당신과 우울증은 같지 않다. 나는 내담자들에게 이 사실을 명확히 인지시키기 위해 이런 방법을 쓴다. 일단 내담자를 소파 한쪽 끝에 앉게 하고, 다른 쪽 끝에는 괴물처럼 생긴 커다란 고릴라 인형을 앉힌다. 그리고 그 고릴라를 그들에게 따라붙는 우울증이라는 괴물이라 생각하라고 말한다.

실제로 우울증 괴물은 소파에만 앉아 있지 않는다. 당신의 일상 전부를 함께한다. 당신이 어딜 가든 따라다니고 밤낮 구분 없이 당신 곁에 붙어 있다. 우울증 괴물은 당신과 함께 TV를 보고 당신과 같이 편의점에도 간다. 아침에 출근할 때도 따라가고 퇴근길 교통체증으로 꽉 막힌 도로 위에서도 당신을 지켜보고 있다. 지금 이 책도 같이 읽고 있다. 틀림없이 "이거 순 헛소리야! '긍정적으로

생각하라'고 지껄이는 흔한 자기계발서랑 다르지 않을
게 뻔해."라고 말하고 있을 것이다.

우울증 괴물은 당신 어깨에 올라앉아서 모든 행동을
조종하려고 든다. 우울증은 이미 오랜 시간 동안 당신 곁
에 붙어서 살았다. 그래서 당신이 이 책을 읽는 걸 원치
않는다. 당신이 우울증 탈출 방법을 알게 되는 것도 원치
않는다. 미국에서는 흔히 뭔가에 중독된 사람을 두고 "원
숭이를 등에 업고 있다(monkey on your back)."라는 표현을 쓰
곤 하는데, 우울증 환자는 2톤쯤 되는 원숭이를 하루 종
일 등에 업고 다니는 것과 같다. 하지만 명심하자. 그 괴
물이 아무리 무겁게 느껴져도, 아무리 오랫동안 함께해
왔다 해도 그 괴물은 당신이 아니다.

우울증은 교활하고 은밀하게 삶을 잠식하는 정서적,
행동적, 신체적 증후군이다. 우울증은 자욱한 새벽안개
처럼 슬그머니 다가와 당신의 삶을 집어삼킨다. 그 안개
가 너무 짙어서 당신이 자신의 형체조차 알아보기 어려
운 것일 뿐, 그래서 당신과 우울증을 구별하기가 힘들 뿐
이다.

당신의 괴로워하는 자아와 그 고통과는 별개인 자아

도 따로 존재한다. 아무것도 할 수 없는 무력감에 허우적 대는 자아와 당신을 비롯한 주변 사람의 삶을 변화시킬 능력을 가진 자아, 이 둘은 명백히 다르다.

내가 하는 말들이 그저 색다른 방식으로 우울증 환자를 격려하려는 시도처럼 들리는가? 당신은 '그래, 다 좋은 얘기야. 하지만 남들한텐 적용될지 몰라도 나한테는 안 맞아' 하고 생각할 수도 있다. 그런 회의가 들어도 전혀 이상한 게 아니다. 당신과 나는 일면식도 없는 타인이다. 나는 당신이 겪고 있는 구체적인 상황과 문제들을 알지 못한다. 하지만 이것만은 확실히 안다. 우울증은 당신이 어딜 가든 끈질기게 따라다닌다는 사실 말이다. 그 괴물이 당신과 함께 이 책을 읽고 있다는 것도, 당신을 뭔가에 짓눌리게 만들고 무력감에 빠지게 하며 통제력을 완전히 상실한 것처럼 느끼게 만들려고 애쓴다는 것도 나는 안다. 그리고 우울증이 끔찍하게 지독하긴 하지만 그 누구도 쓰러트릴 수 없는 것은 아니라는 사실도 나는 잘 알고 있다.

우울증이라는 괴물은 떼어버릴 수 있는 상대이다. 우울증을 상대하기 위해 일상에서 활용할 수 있는 구체적인 방법을 내가 알려줄 것이다. 이 방법들은 내가 임상에서 경험한 치료법들로, 확실히 효과가 있다. 우울증의 에너지를 고갈시켜 당신 삶에 행사하는 영향력을 현저히 줄여줄 것이다. 내가 소개하는 전략을 실행하면 틀림없이 우울증에서 벗어날 수 있다.

오늘의 연습

다음 단계로 넘어가기 전에 다음 세 가지 사항을 실천해 보도록 하자.

1. 우울증을 독립된 실체로 생각한다.

2. 우울증의 이미지를 마음속으로 상상한다.

3. 우울증에 이름을 붙인다.

우울증의
6가지 원초적 특성

우울증을 떼어 버리려면 먼저 우울증에 대해 제대로 알아야 한다. 우울증에 대해 제대로 알면, 즉 우울증이 원하는 게 무엇이고 우울증이 작동하는 메커니즘이 무엇인지 알면, 우울증의 요구에 굴복하지 않고 우울증의 장악력을 느슨하게 할 수 있다. 우울증은 어떤 특성을 갖고 있을까? 우울증은 항상 무엇을, 어떤 상태를 원할까? 지금부터 우울증의 가장 원초적인 특성을 알아보도록 하자.

1. 우울증은 쉬지 않고 힘을 키우고 싶어 한다

우울증에 대해 알아야 할 가장 중요한 사실은 바로 이것이다. 우울증은 무슨 수를 써서라도 더 강력해지려고 한다.

2. 우울증은 저절로 사라지지 않는다

우울증은 치료의 대상이 되는 것도, 당신이 해결할 수 있는 대상이 되는 것도 원치 않는다. 우울증은 오직 계속해서 힘을 키워 당신의 영역을 잠식해 나간다. 그래서 쉬지 않고 "이딴 기 그만 읽어. 가서 술이나 마셔. TV나 봐. 컴퓨터 게임이나 해."라고 속삭이는 것이다. 우울증은 저절로 떨어지지 않는다. 당신을 버리고 제 발로 떠나가지 않는다.

3. 우울증의 목표는 당신의 삶을 집어삼키는 것이다

우울증은 전력을 다해 당신의 생각과 감정과 행동을 장악하려 한다. 코너까지 밀어붙여 당신을 장악하고, 결국에는 당신이 더 이상은 우울증에 저항할 수 없게끔, 즉 당신의 삶은 절망적이라고 확신하게끔 만들고 싶어 한다.

4. 우울증은 자신이 생존하기 위한 먹이를 적극적으로 찾는다

우울증은 우울을 강화하는 행동으로 당신을 이끈다.

실제로 우울증은 당신이 행하는 특정한 행동을 에너지 삼아 살아간다. 그 에너지를 주지 않으면 우울증의 힘은 약해진다. 결과적으로 더 심한 우울을 초래하는 행동을 하지 말아야 한다. 우울증이 원하는 연료를 차단해야 당신의 우울을 완화할 수 있다.

5. 우울증은 상당히 똑똑하다

우울증은 자신의 힘을 키우는 행동들로 당신을 유인하는 효과적인 방법을 꿰고 있다. 당신이 약해져서 유혹에 취약할 때 슬그머니 접근하는 것이다. 우울증은 힘든 문제를 마주하고 있을 때, 심한 스트레스를 겪고 있을 때를 놓치지 않고 파고든다.

6. 우울증은 당신이 통제하기 힘들다고 느끼는 문제에 부딪히기를 기다린다

당신의 스트레스와 긴장이 점점 높아지면 우울증은 "스트레스를 풀려면 쉬어야지. 지금 그 문제에서 벗어나야 해."라고 속삭인다. 일반적으로 이런 해결법이 틀린 것은 아니다. 때때로 쉬어 가는 시간은 누구에게나 필요하다. 휴식 없이 계속 전력질주만 한다면 심장마비가 올지도 모른다. 하지만 여기엔 교묘한 함정이 있다. 우울증이 당신을 유인하는 행동들, 즉 우울한 기분에서 벗어나 스트레스를 푸는 간단한 방법처럼 보이는 행동들(술 마시기, 약물에 의존하기, 정크 푸드 먹기, TV나 스마트폰 같은 전자기기 멍하니 들여다보기 등)은 실제로는 그 반대 효과를 낸다. 이런 행동을 하면 잠깐은 기분이 나아질지 몰라도 결국은 반동 효과(rebound effect)로 우울감이 더 깊어진다. 하루나 이삼 일 사이에 우울감과 절망감은 땅에서 튀어 오른 공처럼 다시 당신을 덮쳐 온다.

정말로
당신을 우울하게 만드는 것은

우울증 괴물은 당신 곁에서 이 책을 함께 읽고 있다. 그리고 이렇게 말하고 있을 것이다. "내가 그랬지, 이거 다 헛소리라고. 괴물? 에너지? 네 행동을 장악하려고 한다고? 그는 네가 얼마나 힘든 시간을 겪었는지 몰라. 네가 우울한 이유가 그 골치 아픈 문제들 때문이라는 걸 그는 모른다고. 네가 직장에서 겪는 문제를 그가 알아? 집안 문제는? 너의 인간관계 고민은? 네가 몸서리치게 외로운 걸 그가 아냐고? 분명히 그는 건강도 좋을 거고 온갖 청구서 걱정도 없을 거야. 그런 그가 대체 뭘 알겠어? 네가 살아온 삶에 대해, 네가 겪어온 시련에 대해 쥐뿔도 모른다고. 그는 지금 네가 고민하고 있는 문제가 뭔지 모르는 사람이야."

앞에서 내가 솔직하고 분명한 방식으로 말하겠다고,

헛소리에 불과한 조언은 절대 하지 않겠다고 했던 것을 기억하는가? 우울증 환자들을 오랫동안 상담해온 경험에 비춰 내가 확실히 말해줄 수 있는 것이 있다. 우울증은 우울함의 원인이 당신 삶에 일어나는 온갖 골치 아픈 문제들에 있다고 착각하도록 끈질기고 교묘하게 속인다. 경제적 문제, 직장 문제, 인간관계 문제, 건강 문제 등등. 그러나 당신을 '우울하게' 만든 것은 그 문제들이 아니다. 그것들은 당신에게 '스트레스'를 초래할 뿐이다. 당신을 우울하게 만든 것은 그 문제들에 대처한 '당신의 대처 방식'이다.

이 차이는 매우 중요하므로 반복해서 강조해야겠다. 당신이 삶에서 겪는 문제들이 유발하는 것은 '우울증'이 아니라, '스트레스'다. 그런데 당신이 그 문제들 때문에 우울해진다고 느끼는 것은 우울증의 영향력 아래에서 대처 방식을 결정하기 때문이며, 문제 해결 방식이 효과적이지 않기 때문이다. 심지어 문제를 해결해주기는커녕 더 많은 문제들을 만들어내고, 결국 당신을 더 심한 우울감에 빠지게 한다.

"결국 이 사람은 네 삶은 엉망진창이다, 너는 그 엉망진창인 삶을 바꾸지도 못하는 실패자다, 이런 말을 하려는 거네." 지금 당신의 우울증이 이렇게 말하는가? 그건 아주 자연스러운 현상이다. 우울증은 스트레스를 현저히 줄일 방법이 있다는 사실을 당신이 깨닫는 것을 절대 원치 않는다. 또한 우울증은 당신을 훨씬 더 깊은 우울감 속으로 밀어 넣기 위해 문제를 회피하도록 유인하면서, 그 범인이 우울증 자신임을 영원히 깨닫지 못하도록 유도한다.

한 마디로 우울증은 당신이 힘겨운 문제로 스트레스를 받을 때 더 막강해진다. 그리고 어떻게든 그 문제를 더 악화시키는 행동을 하도록 당신을 유도한다.

우울증을 이렇게 형상화해보자. 흐릿하고 시커먼 형체가 당신이라는 집의 한구석에 웅크리고 앉아 있다. 그렇게 조용히 앉아 당신의 일상을 지켜보면서 당신이 힘든 일이나 스트레스에 부딪히길 기다린다. 해결하기 버겁다고 느끼는 상황 말이다. 우울증은 바로 그때 허리를 펴고 앉아 조용히 미소를 짓는다. 자신이 내내 기다려오던 순간이기 때문이다. 이제 본격적으로 움직이기 시작한다. 그리고 속삭인다. "사는 게 너무 힘들지? 도망쳐야

해. 바로 지금이야!" 그러나 문제를 잊고 싶거나 위안을 얻기 위해 우울증이 부추기는 대로 행동하다 보면 당신의 우울감은 더 깊어질 것이다.

오늘의 메모

· 우울증의 목표는 계속 자신의 힘을 키우는 것이다.

· 그 주된 방법은 당신을 특정 행동들로 유인하는 것이다.

· 우울증은 대처하기 힘든 문제 앞에서 스트레스를 겪는 당신의 모습을 보면 곧장 다가와 속삭이기 시작한다.

· 지금 상황에서 도망치라고, 그러면 기분이 훨씬 나아질 것이라고 우울증은 당신을 부추긴다.

· 이런 도피적 행동은 처음엔 스트레스 해소에 도움이 되는 것 같지만 결국은 반동 효과를 일으켜 더 깊은 우울감을 초래한다.

· 당신이 겪는 삶의 문제들은 스트레스의 원인이지 우울증의 원인이 아니다. 당신이 우울해지는 것은 그 문제들에 대처하는 방식 때문이다.

· '잠깐의 기분 전환'에 도움이 된다고 믿는 특정 행동들은 오히려 우울증에 에너지를 불어넣어 당신의 우울감을 더 깊어지게 한다.

당신의 뇌는 지금
부상을 입은

이 책의 목표 중 하나는 우울증이 어떻게 당신을 우울하게 만드는지, 그 원리를 밝혀 알려주는 것이다.

우울증은 늘 굶주려 있다. 그래서 항상 먹이가 필요하고, 어떻게든 당신을 유혹하려고 애쓴다. 그리고 당신에게 아무런 힘이 남아 있지 않다고, 할 수 있는 유일한 일은 '아무것도 하지 않는 것'이라고 끊임없이 속삭인다.

이때 '아무것도 하지 않는 것'이란 긍정적인 행동을 회피하는 것을 뜻한다. 다시 말해 주구장창 게임만 하거나, 인터넷 서핑만 하거나, 멍하니 TV 채널만 이리저리 돌리는 것이다. 우울증은 당신이 한없이 축 처져서 수동적으로 살기를 바란다. 적극적으로 행동하기를 원치 않는다.

때로는 그런 행동을 하고 싶은 충동에 저항하는 것이

불가능하게 느껴질 수 있지만, 사실 우울증에게 먹이가 필요하다는 사실은 곧 우울증의 약점이기도 하다. 생존을 이어가려면 우울증도 에너지가 필요한데, 그 에너지의 원천을 차단할 수만 있다면 우울증의 활동이 멈추게 되는 것이다. 우울증의 활동이 약해지면 반대로 당신의 기분은 호전된다.

그래서 우울증은, 멍하니 비생산적인 행동에 골몰하며 회피하는 전략을 택하라고 끊임없이 당신을 부추긴다. 술을 마시라고, 스트레스를 주는 문제를 계속 피하고 미루라고. 그러나 이런 전략을 선택하는 순간 당신은 더 깊은 우울감으로 치닫게 된다. 당신이 더 우울해질수록 우울증은 더 큰 에너지를 얻고, 에너지가 강해질수록 당신은 또 다시 더 우울해진다. 악순환은 지독한 피로와 절망감을 초래한다. 악순환의 고리를 끊는 유일한 방법은 우울증에 먹이를 제공하지 않는 것이다.

우울증이 당신으로부터 에너지를 얻는 손쉬운 방법 중 하나는, 우울감을 직접 유발하는 물질을 몸 안으로 흘려보내게끔 유혹하는 것이다. 가장 흔한 물질인 알코올부터 살펴보자.

상처 입은 뇌에
알코올 붓기

우울증에 에너지를 제공하는 가장 대표적인 물질은 알코올, 더 정확히 말하면 에탄올이다. 형태는 중요하지 않다. 크래프트 맥주, 라이트 맥주, 버번, 보드카, 진, 테킬라, 위스키, 칵테일, 레드와인, 화이트와인, 사과주, 이 모든 것에는 알코올이 들어 있다. 술마다 에탄올 농도는 달라도 그것이 유발하는 효과는 동일하다. 즉 '모든 종류의' 알코올은 우울증을 초래한다. 따라서 우울증은 당신이 술을 마시는 것을 두 팔 벌려 환영할 뿐만 아니라 최대한 자주 마시기를 원한다.

이런 생각이 들지도 모른다. "잠깐, 더운 날 시원한 맥주 한 병 마신다고 우울증에 걸리진 않아." 그건 반은 맞고 반은 틀린 말이다. 물론 더운 날 마시는 시원한 맥주 한 병이 우울증을 '유발'하지는 않는다. 하지만 그건 '두

뇌가 손상되지 않은 상태일 때'만 맞는 말이다.

당신이 우울증을 앓고 있다면, 다시 말해 우울해서 만사가 귀찮고, 매사에 짜증이 나고, 몸이 아프고, 수면 패턴이 흐트러지고, 심지어 차라리 죽는 게 낫겠다고 생각한 적이 있다면, 그렇게 하루하루를 간신히 살아내고 있다면, 당신의 뇌는 심각하게 고장이 난 상태다. 당신의 뇌는 이미 부상을 입었고 해결하기 힘든 엄청난 스트레스를 받고 있다. 모든 종류의 술에 든 에탄올은 뇌에 유해한 신경독이다. 에탄올은 신경 억제제 역할을 하는 화합물이며 우울증을 더 심화시킨다.

만일 당신이 술을 마시지 않는다면 다행이다. 그렇다면 이번 장은 건너뛰어도 좋다. 만일 당신이 술을 마시는 사람이고 앞으로도 계속 마실 생각이라면, 그건 당신 일이니까 내가 간섭할 문제가 아니다. 사실 당신에게 술을 마시라 마라 하는 것은 내 권한 밖의 일이다. 그것은 전적으로 당신이 알아서 할 문제다. 하지만 당신이 지독한 우울증에서 벗어나길 원하는 사람이라면 얘기가 달라진다. 그렇다면 당신에게 맡겨둘 수만은 없다. 끼어들어야 한다. 나는 당신 뇌의 화학작용을 변화시킬 구체적인 전략을 알려줄 수 있기 때문이다.

나는 당신 삶을 통제하려고 이 책을 쓴 것이 아니다. 다른 대부분의 사람들처럼 당신도 자신이 원하는 대로 행동할 수 있다. 하지만 나는 당신만을 위한 맞춤 가이드를 제공하겠다고 자처했기에, 우울증과 알코올 사이의 밀접한 관계를 반드시 설명해주고 싶다. 당신이 몸속에 부어넣는 알코올은 우울증을 더욱 악화시킨다. 우울증을 가속화하는 다른 많은 화학물질과 마찬가지로, 알코올과 두뇌의 관계 역시 꽤나 복잡하고 미묘하다.

우울증을 겪고 있는 당신의 뇌를 이렇게 상상해보라. 당신의 뇌는 깊게 베인 상처를 입은 상태다. 그런데 에탄올은 신경독의 역할을 한다. 더 구체적으로 말하면, 뇌에서 기분 조절을 담당하는 영역의 안정성을 손상시킨다. 우울증이 있는 사람의 뇌에 신경 억제제에 속하는 화합물인 알코올을 들이붓는 것은 찢어진 허벅지에 황산을 붓는 것과 마찬가지다. 즉 상처 부위를 훨씬 더 악화시킨다.

그래서 우울증은 당신에게 술이 탈출구가 될 수 있다고 유혹하는 것이다. 알코올이 뇌에 일으키는 화학 변화가 당신을 더 깊은 우울감으로 몰고 갈 것이기 때문이다.

그렇게 우울증은 자란다.

알코올은 교활한 물질이다. 첫 잔을 마시고 나서 극심한 괴로움을 느끼거나 우울함이 걷잡을 수 없이 깊어지는 경우는 거의 없다. 만일 그렇게 간단하다면, 즉 술을 마시자마자 곧장 괴로움에 몸부림치게 된다면 과음을 할 리가 없다. 사실 몸에 알코올이 들어가면 처음엔 우울감을 진정시키는 효과가 나타난다. 이러한 진정 작용의 이유는 두 가지다. 첫째, 소량의 에탄올은 뇌에 쾌락과 연관된 신경전달물질인 도파민의 분비를 촉진한다. 따라서 술을 마신 후 일정 시간 동안에는 도파민이 뇌의 보상중추를 활성화해서 기분이 좋아진다. 둘째, 에탄올이 뇌에 들어오면 일시적으로 불안감이 저하된다. 불안감은 우울증의 매우 흔한 증상인데, 적어도 몇 시간 동안은 알코올이 불안감을 효과적으로 억누른다. 이는 알코올이 가바 (GABA, 감마아미노부티르산)라는 신경전달물질과 유사한 효과를 내기 때문이다. 가바는 불안을 해소하고 기분을 진정시키는 역할을 한다. 따라서 술을 마시면 초반에 기분이 좋아지는 것이다.

하지만 시간이 흐르면 반동 현상이 나타난다. 상당한

양의 술을 마신 후 24~72시간 내에 다시 극심한 우울과 불안이 몰려오는 것이다. 기분이 끝도 없이 처지고 이런저런 고민들이 훨씬 더 크게 다가오며 더 심한 무력감에 휩싸인다.

여기서 '반동 현상'이라는 말에 주목하자. 반동 현상은 음주 이후의 숙취와 같은 것이 아니며 숙취를 지나치게 자주 겪어서 생기는 결과도 아니다. 몸에 맞지 않는 종류의 술을 마셔서 생기는 것도 아니다. 그것은 신경독인 에탄올이 뇌와 중추신경계로 흘러들어가서 생기는 화학적 프로세스의 일부다. 그리고 이 현상은 '반드시' 우울증이라는 괴물에게 아드레날린 주사를 놓은 것과 같은 효과를 내서 당신의 짜증과 절망감을 한층 악화시킨다. 당신이 흡수한 에탄올은 뇌가 스트레스에 대응할 때 사용하는 신경전달물질인 세로토닌과 가바의 분비를 감소시킨다. 반동 효과가 나타나면 모든 문제가 더 암울해 보이고 모든 스트레스 요인이 대처 불가능하게 느껴진다. 삶에 아무 희망이 보이지 않는다. 이 순간이 바로 우울증이 손꼽아 기다리던 상태다.

당신이 우울증 환자이고 술도 마신다면, 십중팔구 이

따금 맥주 한 병이나 와인 한 잔을 마시는 수준이 아닐 것이다. 그보다는 훨씬 많이 마실 것이다. 당신은 "가끔."이라고 대답할지도 모른다. 술을 전혀 입에 대지 않고 며칠씩 지나갈 때도 있을 테니까. 그래서 우울증 괴물이 지금 당신에게 이렇게 말할 수도 있겠다. "내가 그랬지, 이 사람은 말도 안 되는 소리만 지껄인다고. 네 음주는 지나친 수준이 아니야. 넌 알코올중독이 아니야. 그저 저녁 때 반주로, 주말에, 또는 친구들을 만날 때만 마시잖아."

우울증은 당신에게 음주를 조절하는 나름의 규칙이 있고 때때로 그 규칙을 잘 지키기도 한다는 점을 상기시킬지 모른다. "늦게까지 마시지 않기. 독주 안 마시기. 혼자서는 안 마시기. 취하지 않기." 또 이런 말도 할 것이다. "넌 원하면 언제든지 술을 끊을 수 있어. 절대 술을 입에 대지 않겠다고 결심했던 작년 겨울처럼 말이야. 그때 5주 동안이나 한 방울도 마시지 않았잖아. 그게 증명해주는 거지. 넌 음주 문제가 없어. 마음만 먹으면 언제든 끊을 수 있다는 걸 스스로 입증했어." 혹은 당신은 지금 '진짜' 알코올중독인 다른 누군가를 떠올리는가? '술 없이는 못 사는' 친척이나 친구, 또는 거리 벤치에서 술을 마시는 걸인을? 우울증은 속삭인다. "그 사람들이 알코올중독이지. 그들이야말로 문제가 있는 거야. 네가 아니라."

어쩌면 우울증의 속삭임이 맞는지도 모른다. 어쩌면 당신은 알코올을 남용하지 않고 있으며, 알코올이 당신 기분에 별 영향을 미치지 않을지도 모른다. 당신의 음주는 우울증과 아무 상관이 없을지도 모른다. 만일 정말로 그렇다면, 스스로 이런 다짐을 해도 전혀 불안하지 않아야 한다. "나는 우울증 환자야. 이 병을 진지하게 대할 거야. 내 뇌에 커다란 상처가 났다고 생각할 거야. 뇌가 이렇게 고장 났으니 이제부턴 술을 끊어야겠어. 신경 억제 물질인 알코올을 뇌에 들이붓는 일은 멈춰야겠어." 술을 전혀 마시지 않겠다는 상상만으로도 불안해지기 시작한다면, 그것은 당신이 스트레스를 해소하는 자가 치유제로 알코올을 이용하고 있다는 방증이다. 알코올은 당신이 문제에 대처할 수 있다는 착각을 심어줄지 모르지만, 실제로는 뇌를 손상시키고 우울증을 악화시킬 뿐이다.

술을 줄이려고 노력할 때 이런 이미지를 활용해보길 바란다. 작은 황색 약병을 상상하도록 하자. 앞면에 흰색 라벨이 붙어 있고, 아이들이 열지 못하는 뚜껑이 달린 약병 말이다. 먼저 당신 눈앞의 약장에 항우울제가 든 병이 있다고 생각하자. 그리고 바로 옆에는 텅 비어 있는 약병이 하나 더 있다. 빈 약병의 뚜껑을 열고 술을 따라 넣는다. 알코올성 음료라면 어떤 종류든 상관없다. 바로 그 약병엔 '우울제(depressant medication)'라고 씌어 있다. 정리가 됐는가. 한 병에는 항우울제가 들어 있고, 다른 한 병에는 우울증을 유발하고 악화시키는 물질이 들어 있다. 앞으로 술잔을 입으로 가져갈 때마다 이 두 약병을 머릿속에 떠올리도록 하자. 술을 마신다는 것은 우울제를 복용하는 것과 마찬가지다.

알코올과 성욕

알코올은 우울증을 악화시킬 뿐만 아니라 신경계를 손상시켜 성욕을 감퇴시키고 성기능을 떨어뜨린다. 시원한 맥주는 당장은 상쾌할지 몰라도 오래 마시면 남성 호르몬인 테스토스테론 수치를 떨어트린다. 테스토스테론이 줄어들면 여성화가 진행돼 남성에게 '여성형 유방'이 생길 수도 있으며, 남자 유방이 여성처럼 부풀어 오르는 것은 간경변증의 증상 중 하나이기도 하다. 내가 겁을 주려고 거짓말을 하는 것 같은가? 당신이 그렇게 쉽게 겁을 먹을 것 같지는 않지만, 어쨌든 이 말만은 당부해야겠다. 당신은 자가 치유제로 활용하는 그 물질의 해악을 반드시 똑똑히 있는 그대로 알아야 한다.

알코올과 수면

"내가 술을 마시는 진짜 이유는 잠자는 데 도움이 되기 때문이다."라고 말하는 우울증 환자들이 매우 많다. 많은 사람들이 알코올을 섭취하면 적어도 잠시 동안은 술기운에 불안이 해소되고, 금세 잠이 든다고 느낀다. 그러나 오로지 불안감 때문에 불면증이 생기는 것은 아니다. 그들이 애당초 제대로 잠들지 못하는 것은 알코올 남용이 이미 수면 사이클을 망가트렸기 때문이다. 알코올이 불면증을 '초래'했는데 더 많은 알코올을 섭취해서 그 불면증을 해결하려는 격이다.

알코올은 수면을 관장하는 뇌 영역에 손상을 가져오는 신경독이다. 술을 잔뜩 마신 날은 밤에 숙면을 취하기 어려운 이유가 무엇인지 아는가? 알코올은 두뇌가 여러 수면 상태를 지나치게 빠르게 오가도록 만들면서 렘수면(급속한 안구 운동이 나타나는 수면 상태)을 방해하고 식은땀과 두통을 유발한다. 꿈은 주로 렘수면 중에 꾸게 되는데, 적절한 양의 렘수면은 건강과 맑은 기분을 유지하기 위한 필수 요소다. 밤에 충분한 렘수면을 취하지 못하면 다음날 아침 개운하지 않고 피곤함을 느낀다.

울적함과 불면증에 시달리는 사람은 "잠이 들려면 술이 필요해."라고 생각한다. 술을 마시면 불안이 일시적으로 잦아들고 많이 마시면 술에 취해 곯아떨어진다. 그러나 몸속에 들어간 에탄올 분자는 잠들지 않는다. 에탄올은 이미 고도의 스트레스를 받고 있는 신경세포들을 밤새 괴롭히면서 수면 사이클을 망가트린다. 때문에 아침에 두통과 식은땀에 시달리며 불쾌한 기분으로 일어나게 된다. 술 마신 다음날은 전날보다 기분이 더 안 좋고 그러면 저녁 때 또 술을 마신다. 이런 사이클이 반복된다.

술과 우울증은 어울려서는 안 되는 파트너다. 우울증을 앓는 사람은 끔찍한 기분에 시달린다. 하루를 버텨내기 힘들고 극단적인 경우에는 자살 충동까지 느낀다. 뇌와 정신과 영혼이 우울증의 포위 공격을 받는다. 그런 상태에서 술을 마시면 이 신경 억제제는 당신을 훨씬 더 깊은 우울감으로 몰아넣는다. 당신도 나도 잘 알듯이, 우리는 지금 불타는 여름날 마시는 시원한 맥주 한 캔을 얘기하는 게 아니다. 아마 당신은 그보다 훨씬 더 많이 더 자주 술을 마실 것이다. 음주와 관련해 어떤 행동을 선택할지는 전적으로 당신에게 달렸다. 그러나 내가 하는 조언을 제발 귀담아 들어주길 바란다.

정보 수집 관점

당신은 알코올이 성욕과 수면에 미치는 악영향을 읽고 난 후 술을 줄이거나 아예 끊는 것을 고려하기 시작했다. 그런데 술을 줄이거나 끊는 여러 방법 중에 어떤 것이 당신에게 가장 효과적일지 잘 모르겠다면 나는 당신에게 '정보 수집 관점'을 제안하고 싶다.

먼저 금주를 원하는 사람들을 도와주는 정신건강 전문가를 찾아보길 바란다. 부담스럽다면 '익명의 알코올 중독자들(AA)' 같은 모임과 접촉해보길 바란다. 온라인 모임도 좋다. 그들에게서 효과적인 방법이 무엇이라고 생각하는지 의견을 들어보자. 그렇게 정보를 모으면서 이 점을 기억하라. 당신은 다양한 사람들과 이야기를 나눠봐야 한다. 그리고 그들 중에는 분명 마음에 들지 않는 사람, 또는 당신의 괴로움을 제대로 이해하지 못한다고 느껴지는 사람도 있을 것이다. 하지만 계속 정보를 모으다 보면 결국 당신을 이해하는 사람을 만나 도움을 얻을 수 있을 것이다. 더 많은 정보를 수집할수록 문제해결 능력도 커지는 법이다.

어떤 문제를 대할 때 정보 수집 관점을 취하면 마음의 부담을 한층 덜 수 있다. 당장 올바른 결정을 내려야 한다는 압박감에서 벗어날 수 있기 때문이다. "지금 당장 중독 치료 시설에 입원해야 하나?" "AA에 가입해야 하나?" 하는 조급함이 덜어진다. 이런 종류의 결정을 내려야 한다는 압박감 속에서는 자신의 미래가 이미 정해진 것 같은 기분을 느낄 수 있기 때문이다. 그것과 다른 방향의 결정을 내리면 운명을 영영 돌이킬 수 없을 것만 같다. 이런 '모 아니면 도'와 같은 사고방식은 결국 아무것도 택하지 못하는 심리적 마비를 초래한다.

그 대신 이런 식으로 생각해야 한다. '나는 정보를 더 모으려고 전화를 거는 거야', '인터넷 검색을 하는 거야', 'AA 모임에 한번 나가보는 거야', '내 보험으로 어떤 종류의 치료가 보장되는지 알아보는 거야' 같이 자료를 모으듯 부담 없이 접근하면 뭐라도 시도할 수 있는 힘이 생긴다. 이런 관점은 이도저도 못 하고 꼼짝없이 갇힌 기분이거나 저항감이 일 때, 또는 미루는 버릇이 있는 경우에 특히 유용하다.

그리고 당신에게 도움이 될 것 같은 방향을 결정하고 나면(심리 상담이든, AA의 12단계 프로그램이든, 중독 치료 시설 입원이든), 스스로를 '연구 프로젝트'처럼 간주하기 바란다. 뭔가를 시도하는 것을 연구 초반의 실험이라고 생각하고, 당신이 어떻게 달라지는지 가만히 지켜보라. 이 실험을 통제하는 사람이 자신임을 잊지 말길 바란다. 만일 별 효과가 없으면 과감히 접고 다른 방법을 시도하면 된다.

우울증이
열광하는 음식들

포화지방과 설탕도 기분을 우울하게 만드는 주범이다. 포화지방은 상온에서 고체인 동물성 지방으로, 육류와 유제품에 많이 들어 있다. 포화지방이 나쁜 지방으로 여겨지는 것은 많이 섭취하면 혈관에 쌓여 심혈관 질환이나 뇌졸중의 발병 위험을 높이기 때문이다. 포화지방은 거의 모든 정크푸드에 들어 있으며, 우울증은 정크푸드를 '굉장히' 좋아한다. 우울증은 포화지방과 정크푸드를 당신의 몸에 많이 집어넣을수록 힘이 강해진다.

우울증은 당장 가장 가까운 패스트푸드 점에 들러 치즈버거와 대용량 프렌치프라이를 사라고 당신을 부추긴다. 아침에는 두어 장의 베이컨에 달걀, 그리고 치즈 비스킷 몇 조각과 달디 단 커피 밀크셰이크도 곁들이길 바란다. 점심엔 고기 토핑을 잔뜩 올린 피자가 제격이다. 각종

이벤트 행사와 세트 상품도 놓치지 않는다.

우울증이 좋아하는 음식은 그밖에도 수없이 많다. 포화지방도 문제지만 첨가당도 문제다. 첨가당은 액상과당처럼 가공 식품에 들어가는 설탕류 및 시럽을 말하며, 많은 이들이 좋아하지만 뇌와 우울증에는 매우 해로운 물질이다. 미국인 한 명이 매년 소비하는 첨가당은 평균 70킬로그램이 넘고 그중 3분의 1을 탄산음료의 형태로 섭취한다.

설탕이 뇌에 미치는 영향은 알코올과 동일하다. 몸에 들어오면 처음엔 기분이 좋고 즉각적인 만족감을 느낀다. 차가운 탄산음료를 마시거나 달콤한 초콜릿 아이스크림을 떠먹으면 뇌에서 도파민이 분비된다. 배가 고픈 상태에서 단 음식을 먹으면 그야말로 환상적이다.

인간의 뇌는 기나긴 세월을 거치면서 설탕과 고지방 식품을 탐닉하도록 진화해왔다. 우리는 특히 스트레스 상황에 놓이면 그런 음식에 더 손을 뻗는다. 스트레스를 많이 받을수록 달콤한 디저트와 고지방 음식이 입에서 당기는 법이다. 그러나 알코올과 마찬가지로 당장은 욕구가 채워지면서 기분이 좋아질지 몰라도 얼마 지나지 않아 곧바로 반동 효과를 겪게 된다. 기분이 다시 처지고, 이런저런 문제들이 더 심각하게 느껴지고, 문제를 해결하려는 의지도 약해지고, 무력감만 늘어난다.

내가 우울감과 관련해 식습관의 중요성을 지나치게 부풀려 강조한다고 느끼는가? 그렇다면 자신에게 이 질문을 던져보길 바란다. "우울감에 빠져 신선한 샐러드를 마구 폭식한 적이 있었던가?" "토요일이면 우울증 괴물이 식료품점에 케일이 다 떨어질지 모르니 어서 서두르라고 아침 일찍부터 나를 깨우는가?" 아마 아닐 것이다.

우리는 패스트푸드를 비롯한 정크푸드와 고지방 식품에 열광한다. 첨가당과 포화지방이 많이 들어 있을수록 맛있다. 베이컨과 가공 치즈까지 곁들여 먹으면 금상첨화다. 우울증은 그런 음식을 좋아한다. 우리는 그런 음식을 먹으며 자랐고, 많은 현대인들이 일상적으로 그런 음식을 섭취한다. 그 음식들이 우리 뇌를 행복하게 만들어준다면 좋을 텐데, 사실은 그렇지가 못하다.

가장 쉬운 것부터, 음료 관리부터

자, 어떻게 할 것인가? 이 역시 당신에게 달린 문제다. 나는 이왕이면 당신이 스스로에게 이렇게 말했으면 좋겠다.

나는 우울증과 싸우는 중이야. 내 뇌에는 깊은 상처가 났어. 그러므로 뇌에 건강한 음식을 공급해야겠어. 앞으로 평생 동안 그러겠다는 다짐은 아니야. 적어도 지금 당장, 앞으로 두어 달 동안만이라도 시도해볼 거야.

우울증을 물리치기 위해 고기류를 완전히 끊는 엄격한 채식주의자가 될 필요는 없다. 또 다이어트 광신도가 될 필요도 없다. 완벽주의 때문에 시작하곤 하는 다이어트는 대개 실패로 끝나기 마련이다. 중요한 것은 포화지방과 설탕의 균형 잡힌 섭취다. 물론 실천하기는 말처럼 쉽지 않다. 당신은 지금 우울증을 앓고 있고, 우울증이 포화지방과 설탕을 달라며 조르고 있기 때문이다.

나는 아주 간단한 한 가지만 먼저 실천하라고 권하고

싶다. 칼로리 마시기를 중단하는 것이다. 즉 탄산음료를 끊으라는 얘기다. 평균적으로 탄산음료 한 캔에는 11티스푼에 해당하는 설탕이 들어 있다. 뇌에 이 탄산 설탕물 공급만 끊어도 우울증을 치료하는 데 도움이 된다.

모니터 앞의
방관자

놀라운 사실을 하나 알려주겠다. 뇌가 전자미디어에 지나치게 노출될 때도 알코올, 마리화나, 지방 및 설탕 과다 섭취의 경우와 동일한 신경화학작용 패턴이 나타난다. 다른 '먹이'들의 경우와 마찬가지로, 우울증은 당신이 전자미디어(TV 프로그램, 영화, 인터넷 동영상, 게임, 페이스북 등)를 가급적 오래 사용하길 원한다. 한마디로 이 괴물은 당신을 '소파에 널브러져 TV만 보는 집돌이'로 만들려고 애쓴다.

왜일까? 당신을 최대한 수동적인 인간으로 만들기 위해서다. 우울증은 "움직이지 마. 그저 가만히 앉아서 남들 사는 모습이나 구경해!"라고 속삭인다. 멀찍이 떨어져서 세상을 관찰하라고 말이다. 우울증은 당신이 사람들과 교류하면서 의미 있는 관계를 맺는 것을 싫어한다. 우울증은 당신이 세상의 가장자리에만 머물기를, 그리고 자신의 삶에 대해서도 수동적인 방관자가 되기를 원한다.

수동적으로 전자기기 화면만 들여다보면서 움직이지 않는 시간이 길어질수록 우울증의 힘은 더 세진다. 수동적인 미니어 소비는 우울증에 에너지를 불어넣는다. 이 경우에도 TV 시청이나 인터넷 서핑이나 게임을 아예 하지 말아야 하는 것은 아니다. 중요한 것은 균형이다. 절제하면서 적당히 즐기면 우울감에 부정적인 영향을 끼치지 않지만, 소파와 한 몸이 되어 몇 시간이고 계속 늘어져 있으면 우울증은 깊어질 수밖에 없다.

마리화나는 정말
행복을 가져올까?

마리화나와 관련해 가장 흥미로운 점은 이것이다. 행복 감을 느끼고 기분이 좋아지는 효과가 있다고 알려진 마 리화나가 어째서 우울증은 치료하지 못하는 것일까? 내 가 상담실에서 편향된 그룹의 사람들을 만난다는 것은 인정하지만, 우울증에 걸렸으면서 마리화나를 피우는 많 은 남성들과 이야기해본 결과, 그들이 하나같이 끔찍한 우울감에서 벗어나지 못한다는 것을 알 수 있었다. 마리 화나를 어쩌다가 한 번씩 피운다는 이도 있고, 주말에만 혹은 날마다 피운다는 이도 있다. 그런데 그들 모두가 하 루하루를 간신히 살아내고 있으며 자신의 존재 자체를 견딜 수 없을 때도 많다고 토로한다.

　마리화나는 우울증 치료에 효과가 없을 뿐만 오히려 명백하게 우울증을 악화시킨다. 여기에는 세 가지 이유가 있다.

첫째, 마리화나의 주요 성분인 THC(테트라하이드로칸나비놀)가 우울증 환자의 뇌에 미치는 영향은 에탄올과 매우 유사하다. 처음에 THC는 뇌세포를 자극해 도파민을 분비시켜 불안감을 감소시킨다. 도파민은 뇌의 보상중추와 밀접하게 연관된 신경전달물질로, 도파민이 분비되면 쾌감과 행복을 느끼게 된다. 그러나 THC의 체내 대사 작용이 진행될수록 세로토닌과 가바의 분비에 문제가 생겨 우울증 증상이 다시 나타나는 반동 효과가 필연적으로 일어난다. 보이지 않는 곳에 억눌려 있던 불안과 우울이 급속도로 덮쳐 오면서 우울증은 한층 심해진다.

흔히 듣는 "개인차가 있다."라는 말은 마리화나에도 적용된다. 이 같은 강렬한 불안감을 곧바로 느끼는 것은 마리화나 사용자의 약 30퍼센트 정도인데, 이들은 대체로 마리화나를 일상에서 습관적으로 피우는 사람들이 아니다. 그리고 마리화나 사용자 중에는 술까지 같이 마시는 사람이 많은데, 이는 뇌에 심각한 영향을 준다. 연구에 따르면 알코올은 THC가 혈장에 흡수되는 속도를 더 빠르게 촉진하기 때문이다. 많은 우울증 환자들이 술을 마시면서 마리화나를 피우면 더 빨리 극단적 쾌감에 도달할 수 있다고 생각하지만, 그 둘을 '동시에' 하는 행위는 마치 승산 없는 승부에 베팅을 계속하는 것과 같다. 즉 정신을 취하게 하는 물질 두 가지를 함께 사용하면 우울증이 그만큼 더 빨리 사라지고 다시 찾아오지도 않을 것이라는, 터무니없는 기대에 의존하는 무모한 베팅 말이다. 하지만 우울증은 더 강력해져서 당신에게 돌아온다.

둘째, 우울증 환자가 마리화나를 피우면 '의욕 상실 증후군'을 겪게 된다. 의욕 상실 증후군이란 뭔가를 하려는 의지가 생기지 않는 증상을 일컫는데, 특히 마리화나는 즉각적인 만족감을 잠시 뒤로 하고 어떤 일을 하는 것을 어렵게 만들어, 미뤄왔던 재미없는 일을 처리하는 대신 아이스크림을 퍼 먹으면서 TV나 보도록 부추긴다. 다시 말해 이미 의욕이 없는 우울증 환자를 더욱 더 처지고 무기력하게 만드는 것이다.

의욕 상실은 우울증의 주요 증상 중 하나다. 우울증이 당신의 의지력을 무너트리기 때문이다. 우울증은 두뇌의 지휘통제본부가 제대로 작동하려면 의지력이 필수라는 것을 잘 알기 때문에 당신을 통제하기 위해 의지력을 빼앗으려고 안간힘을 쓴다. 의욕을 떨어트리는 데에 마약성 물질을 뇌에 투입하는 것만큼 효과적인 것이 없는 셈이다. 삶이 온통 감당하기 힘든 문제들로 가득한 절망과 우울에 이미 빠진 상태인데, 마리화나를 피운다고 해서 자리를 박차고 일어나 움직일 의지가 솟아나지는 않는다.

사람들은 흔히 의욕이 먼저고 행동은 그 다음에야 뒤따를 수 있다고 생각한다. 뭔가를 해야겠다는 의욕이 생겨야 행동을 하게 된다고 믿는 것이다. 하지만 그렇지 않다. 사실 우리의 뇌는 그런 식으로 작동하지 않는다. 의욕이 행동을 만드는 것이 아니라 행동이 의욕을 만들어낸다. 몸을 움직여 행동을 하면 할수록 더 큰 의욕이 생겨나는 법이다. 우리의 뇌는 어떤 행동을 하는 데에 동참하면 할수록 해당 행동을 계속하려는 의지를 더 많이 만들어낸다.

당신은 이렇게 생각할지 모른다. "그렇지만 난 정말 거지같은 기분이라 도통 아무것도 할 수가 없다고." 당신이 어째서 그렇게 생각하게 되었는지 나도 잘 안다. 하지만 그것은 우울증의 목소리임을 명심하라. 우울증은 먼저 의욕이 일어나지 않으면 아무것도 못한다고 당신을 설득하려고 애쓴다.

그 생각이 정말 맞는지 간단한 실험을 해보자. 먼저 코로 숨을 들이마시고 그 상태로 3초간 숨을 참아라. 그 다음엔 천천히 입으로 숨을 내쉬어라. 그렇게 아홉 번을 더 하라. 코로 들이쉬고 입으로 내쉰다. 숨을 들이마실 때는 가슴을 한껏 부풀려라. 코로 들어오는 시원한 공기의 느낌에, 그리고 입술 사이로 새어나가는 따뜻한 공기의 느낌에 최대한 집중한다. 다 했는가? 그렇다면 뿌듯해 해도 좋다. 당신은 지금 명상 호흡법을 성공적으로 해냈다. 이 호흡법을 하고 싶은 의욕이 찾아올 때까지 기다리지 않고도 실천한 것이다. 당신과 우울증의 득점은 이제 1:0 이다.

마리화나의 세 번째 문제점(나는 이것이 가장 큰 문제라고 생각한다)은 당신을 주변 사람들로부터 멀어지게 한다는 것이다. 마리화나에 취하면 사람들과 연결돼 있고 교감한다는 주관적 느낌을 경험할지 모르지만, 그것은 착각에 불과하다. 실제로 그들은 당신에게서 거리감을 느낄 것이다. 그들은 마리화나에 취해 있는 당신과 진정으로 교감할 수가 없다. 당신이 그 사람들이 아니라 THC라는 물질과 연결돼 있기 때문이다. 당신은 자기 자신의 감각에만 몰두하느라 진실한 태도로 그들의 생각과 감정을 파악하지 못한다.

사회적 고립은 우울증의 또 다른 증상이다. 우울증은 고립된 기분을 더 증폭하는 물질을 체내에 집어넣으라고 당신을 부추긴다. 그리고 사람들과 진실한 관계를 맺지 못할수록 당신의 외로움은 더 깊어진다. 당신과 사람들 사이에 존재하는 협곡이 깊어지는 것이 바로 우울증이 원하는 것이다.

당신이 반드시 생각해봐야 할 것은 마리화나 사용의 도덕성 측면이 아니라, 그것이 당신의 손상된 뇌에 미치는 생화학적 영향이다. 우울증을 앓는 당신의 뇌는 기분 조절에 관여하는 신경화학 프로세스가 손상된 상태다. 이 손상이 우울감을 유발하는 원인 중 하나다. 마리화나의 주성분인 THC는 감정과 밀접하게 연관된 신경전달물질들(세로토닌과 노르에피네프린)에 직접 영향을 미친다. 몸속에 THC의 양이 많아질수록 이들 신경전달물질은 더욱 심각한 타격을 받고 결과적으로 우울감이 더 깊어진다.

버리기, 알리기, 오늘만 생각하기, 측정하기

마리화나를 끊는 데 성공한 이들의 경험담을 들어보면, 그들이 가장 먼저 한 일은 마리화나와 연관된 물건을 모조리 버리는 것이었다. 말 그대로 남김없이 버린다. 마리화나를 변기에 넣어 내리고, 봉(bong, 마리화나 흡입용 물담뱃대)을 부숴버리고, 마리화나를 말아 피우는 종이를 태워버리고, 마리화나 꽁초를 끼우는 클립과 파이프를 쓰레기통에 던져버린다. 서랍 속에 넣어두었다가 유혹을 받는 상황을 원천봉쇄하는 것이다. 어떤 이들은 전화기에서 마리화나 판매자의 연락처도 삭제했다. 그들은 마리화나와 관련 용품을 구하겠다고 마음만 먹으면 언제라도 구할 수 있었다. 하지만 집 안을 몽땅 정리하는 것은 결코 상징적인 제스처가 아니었다. 그들은 자신이 사는 공간에서 마리화나와 관련된 물건들을 깨끗이 없애는 것이 중요한 일이라고 생각했다. 즐기던 무언가를 완전히 끊는 것은 정말로 힘든 일이기에, 눈앞의 물건에서 유혹을 느끼는 상황을 아예 원천봉쇄한 것이다.

또 어떤 이들은 가족이나 가까운 친구들에게 마리화

나를 끊기로 한 자신의 진지한 결심을 알리고, 신뢰하는 주변 사람들에게 도와달라고 요청했다. 만일 마리화나를 다시 입에 대더라도 그런 자신을 변함없이 격려해줄 사람들이 주변에 있으면 특히 성공률이 높았다. 두 사람 모두 마리화나를 피우는데 한 사람이 끊고 싶어 하는 부부나 연인의 경우 '익명의 약물중독자들(NA)'에 가입하는 것이 효과적이었다.

성공 경험자들은 NA에서 권하는 '한 번에 하루만 생각하기' 전략을 택했다. 즉 날마다 오늘 하루만 마리화나를 하지 말자고 다짐하는 것이다. 그게 전부다. 그들은 내일 일은 미리 걱정하지 않고 눈앞의 시간만, 오늘만 생각했다.

이것은 대단히 좋은 전략이다. 약물 사용뿐만 아니라 인생의 다른 많은 문제들에도 적용할 수 있다. 당신은 그저 '오늘'에만 집중하면 된다. 내일도, 그 다음날도 일단은 머릿속에서 지우고 현재에만 집중한다. 지금부터 5년 후에 마리화나를 피우고 있을지 아닐지를 걱정하는 것은 쓸데없는 짓이다. 당장 눈앞의 오늘만 생각하는 것이 훨씬 유용하고 훨씬 쉽다. 현재 당신이 우울증이라는 병을 앓고 있으며 적어도 지금 당장은 손상된 뇌를 치유하는 데 집중해야 한다는 사실을 스스로에게 상기시키자. 오늘 하루 동안은 우울증을 악화시키는 THC(마리화나)나 에탄올(술) 같은 물질을 뇌에 집어넣지 않겠다고 의식적으로 다짐하라.

한편 내가 만난 내담자들 중 일부는 초기 금단증상에 대해 제대로 아는 것이 도움이 됐다고 말했다. 무엇보다 금단증상이 '일시적'이라는 점을 이해하는 것이 중요하다. 체온 상승, 식은땀, 수면 장애, 식욕저하, 메스꺼움 같은 대부분의 신체적 증상은 마리화나를 끊고 사흘 내에 최고조에 달했다가 2주 안에 사라진다. 불안과 짜증 같은 심리적 증상도 마찬가지다. 다시 강조하지만, 그런 증상들도 마리화나를 끊는 과정의 일부이며 조만간 사라진다는 사실을 알고 있으면 성공 확률은 높아진다.

마지막 전략 하나를 더 소개하겠다. 심리학 공부를 할 때 알게 된 방법인데, 개인적으로 나 자신의 행동을 변화시키고 싶었을 때 큰 효과를 봤다.

방법은 이렇다. 변화를 시도하기 전에 먼저 당신이 바꾸고 싶은 행동을 측정하라. 마리화나의 경우라면 얼마나 자주 피우는지를 기록한다. 이 전략을 택한다면 당연히 스스로에게 100퍼센트 솔직해져야 한다. 피울 때마다 정확히 기록해야 한다. 2주 동안 기록하고 나면 당신의 기본 사용량이 꽤 정확히 파악될 것이다. 그 수치가 나왔나면, 앞으로 사용량을 얼마나 줄일지 목표를 정한다. 숫자는 거짓말을 하지 않으며 당신이 가고 싶은 방향을 명확히 보는 데 도움이 된다. 예를 들어 원래 일주일간 피우던 것의 25퍼센트에 해당하는 분량을 매주 줄이면 한 달이면 끊을 수 있다. 반드시 완전히 끊을 때까지의 전체 과정을 기록해야 한다는 것을 명심하라.

다른 마약류와 우울증

알코올과 마리화나는 우울증 환자들이 가장 흔하게 의존하는 물질이다. 물론 그들이 사용하는 다른 합법적 처방제(특히 옥시코돈, 옥시콘틴, 펜타닐, 퍼코셋 등의 마약성 진통제)나 불법 약물(메타암페타민, 코카인, 헤로인)도 많다. 우울증은 그 어떤 약물이든 반긴다. 이들 약물을 사용하면 처음엔 기분이 좋지만 뒤이어 반드시 극심한 우울과 절망감이 찾아온다. 흔히 처방되는 항불안제를 남용해도 똑같은 효과가 나타난다. 불법 약물에 손을 댔거나 혹은 처방받은 약물이라도 그것을 남용하고 있다면 관련 모임에 참석하길 권유한다. 모임에 나가서 뭔가 말해야 한다는 부담감 때문에 망설여지는가? 그럴 필요가 없다. 아무것도 안 하고 그저 앉아서 사람들의 이야기를 듣기만 해도 괜찮다.

반동효과
─ 왜 점점 더 우울해지는가?

당신이 우울증 괴물에게 주는 먹이는 결국 그 양이 문제
다. 알코올, 마리화나, 설탕과 지방, 전자미디어의 영향력
은 그것을 섭취하거나 사용하는 양에 달려 있다. 즉 더 많
이 소비할수록 영향력도 커진다. 그런데 우울증 환자의
뇌의 경우, 반동 효과가 일어나는 데 필요한 사용량 수준
이 우울증에 걸리지 않은 사람의 뇌에 비해 훨씬 더 낮다.

기억하자. 당신의 뇌는 이미 부상을 입은 상태이기 때
문에, 위와 같은 물질을 자꾸만 뇌에 흘려보내고, 소파에
붙어 앉아 전자기기만 들여다보면 끔찍한 우울감이 더
끔찍한 수준으로 깊어진다. 내가 이 얘기를 자꾸 반복하
는 것은 그만큼 중요하기 때문이다.

지금쯤이면 당신도 알았을 것이다. 우울증이 강력하
고 복잡하긴 해도 우울증이 쓰는 수법은 꽤나 단순하다

는 사실을 말이다. 우울증은 당신을 조종한다. 자신이 더 강력해지는 데에 도움이 되는 행동을 하도록 유인하기 위해 끊임없이 애쓴다. 당신이 술을 마시고 설탕과 포화 지방을 섭취하고 전자미디어를 사용하고 마리화나를 피우는 시간이 늘어날수록 녀석은 더 강해지고 당신은 더 깊은 우울감에 휩싸인다.

우울증은 대단히 영리하다. 당신을 확실하게 무너트리려면 적당한 공격 타이밍을 기다려야 한다는 것을 알 정도로 똑똑하다. 최적의 공격 타이밍이란 바로 뇌가 심한 스트레스를 받고 있을 때다. 해결하기 버거운 여러 가지 문제에 직면했을 때다. 그때를 놓치지 않고 우울증은 속삭인다. "이봐, 좀 쉬어야지. 걱정거리에서 해방됐으면 좋겠지? 나한테 좋은 방법이 있어." 하지만 그 '좋은 방법'이라는 것은 언제나 뇌에 똑같은 패턴을 만들어낸다. 처음엔 기분이 좋아지지만 이내 반동 효과가 찾아와 더 심한 우울감으로 떨어지는 것이다.

나는 오랫동안 심리치료사로 일하면서 이 같은 패턴을 겪는 수많은 사람들을 만났다. 이 패턴은 우울증이라는 정서적, 행동적, 신체적 증후군의 본질에 해당한다. 그것 때문에 단순한 우울감이 결국 중증 우울증으로 발전한다. 즉 이 패턴이 당신이 우울해지는 원인이다.

당신은 이 패턴을 바꿀 수 있다. 당신의 행동을 바꿔 우울증의 에너지를 차단할 수 있다. 지독한 우울감과 무력감에서 벗어나 긍정적인 기분과 삶에 대한 통제력을 되찾을 수 있다. 하지만 술이나 전자기기처럼 당신이 좋아하는 무언가를 끊는 것만이 우울증에서 벗어날 유일한 길이라고 오해하지는 말길 바란다. 여러 긍정적인 행동을 통해 우울증을 악화시키는 패턴을 깨트릴 방법이 있다. 다음 장에서 이에 대해 자세히 설명하겠다.

우울은 어떻게
사람의 생각과 행동을
바꾸는가?

우울증에 걸린 사람들은 생각하는 방식이 어떻게 달라질까? 우울증은 우울감을 한층 심화시키는 사고 패턴으로 당신을 유인한다.

이는 마치 어떤 괴물이 냄새가 지독한 입김을 뿜어 당신을 뒤덮는 상황과 같다. 그 입김 탓에 당신은 당신을 힘들게 하는 문제들을 정확히 바라보기가 힘들어진다. 괴물의 입김은 당신 눈을 가려 현실을 제대로 보지 못하게 하고 문제를 바라보는 관점을 크게 흐트러뜨리고 왜곡한다. 요컨대 우울증은 어떤 상황이나 문제를 생각하는 방식을 완전히 망가트린다.

우울증의 목표는 언제나 당신을 끔찍한 우울감에 밀어 넣는 것이다. 그리고 그 목표 달성을 위해 '당신의 사고 과정을 완전히 장악'한다. 삶의 모든 것이 암울하고 부정적으로만 보이도록 말이다. 그리고 눈앞의 문제들이 암울해 보일수록 당연히 우울감은 더 심해진다. 우울증은 당신이 극도의 무력감에 빠져서 나에겐 아무런 통제력이 없다고 낙담하기를 바란다. 자신의 기분에 대해서도, 삶의 이런저런 문제에 대해서도, 미래에 대해서도 말이다. 우울증은 당신이 구제불능의 실패자라고, 아무리 노력해도 소용없을 것이라고, 앞으로의 인생도 계속 지옥 같을 거라고 속삭인다. 하지만 그건 전부 거짓말이다.

우울증이 망쳐버린
머릿속

우울증은 어떤 식으로 사고 과정을 장악할까? 어떻게 현실을 왜곡해서 더 깊은 우울감으로 몰아갈까? 우울증은 가장 먼저 인지 왜곡을 이용한다. 1950~1960년대에 미국의 심리학자 앨버트 엘리스(Albert Ellis)와 아론 벡(Aaron Beck)이 처음 소개한 '인지 왜곡(cognitive distortion)'은 모든 정보를 균형 있게 고려하지 못하는 비합리적 사고 과정을 의미한다. 인지 왜곡을 보이는 사람은 부정적인 정보에만 집중하고 긍정적인 정보는 간과하거나 고의적으로 무시하여 상황을 긍정적으로 해석할 여지를 원천적으로 차단한다.

예를 들어 재채기를 한 후에 이렇게 생각한다고 치자. "감기에 걸린 게 분명해. 아냐, 폐렴인가 봐. 어떡하지? 난 오늘밤에 죽을 거야!" 이렇게 어떤 경험(재채기)을 왜곡된 시각으로 해석하면서 최악의 상황을 상상하는 것을 '파국화(catastrophizing)'라고 한다.

또 다른 예를 들어보자. 문자를 남겼는데 상대에게서 답신이 오지 않는다. 전화도 걸어봤지만 받지 않는다. "답장 문자도 없고, 전화도 받지 않는 걸 보니, 나한테 화가 난 게 분명해. 내가 뭘 잘못한 걸까? 이렇게 관계가 끝나는 걸까? 난 실패자야. 주변에 사람들이 하나씩 떠나가고 있어. 사람들이 날 손가락질할 테고, 그렇게 외톨이가 될 거야." 이 사람은 '파국화(최악의 결과를 예상하는 것)'와 '예언자적 사고(fortune telling, 불충분한 정보를 근거로 미래의 부정적인 사건을 예측하고 확신하는 것)'라는 인지 왜곡을 보이고 있다.

위 두 사례가 비현실적으로 느껴진다면, 그것은 실제로 비현실적이기 때문이다. 우울증 환자의 사고 패턴에 깔려 있는 인지 왜곡은 언제나 비현실적이다. 이런 패턴은 비합리적 추론을 토대로 하기 때문에, 특정 사건이나 상황에 대한 긍정적인 혹은 중립적인 해석을 배제한다. 결국 부정적인 결론에 도달할 수밖에 없고 그러면 우울감은 더 커진다.

CBT 인지행동치료

우울증의 부정적인 기운은 당신 인생의 구석구석에 스멀스멀 스며든다. 현재의 거지 같은 인생은 뭘 해도 달라지지 않을 것만 같고, 지금 이 순간에도 당신은 처절한 무력감에 빠져 있을 것이다. 우울증은 이렇게 속삭일 것이다. "인지 왜곡? 비합리적 사고? 그게 다 무슨 개소리야! 내가 그랬지, 이 작자는 네 인생에 대해 모른다고." 물론 마지막 말은 어느 정도 옳다. 나는 당신 인생의 구체적인 상황들을 알지 못한다. 그러나 나는 우울증이라는 안개를 헤치고 나가는 방법은 알고 있고, 그걸 당신에게 알려주고 싶다. 자신이 처한 상황을 훨씬 더 효과적으로 분석하는 간단한 방법을 배울 수 있다.

이를 위해 필요한 것이 바로 사고방식을 변화시키는 단계적 기법인 인지행동치료(cognitive behavioral therapy, CBT)

다. 우울증이 당신 머릿속에 불어넣는 인지 왜곡을 자각하고 거기에 적극적으로 저항하는 것, 그것이 우울증이라는 험한 바다에서 당신 자신이 스스로에게 등대가 되는 길이다.

다만 이 점을 먼저 기억하도록 하사. 인시 왜곡을 자각하고 저항한다고 해서 당신이 겪는 문제들이 갑자기 해결되는 것은 아니다. 그러나 인지행동치료에 적극적으로 임할수록 우울증의 힘이 약해지고 당신의 기분은 긍정적으로 변화할 수 있다.

고백하건대, 나는 인지행동치료를 처음 접했을 때 상당히 부정적이었다. 사실 부정적인 느낌 정도가 아니라 혐오의 수준이었다. 인지행동치료가 완전히 헛소리처럼 들렸다. 우울증 환자에게 그저 '긍정적인 사고방식'을 가지면 모든 문제가 해결된다고 말하는 치료법처럼 느껴졌다.

나는 인지행동치료에 관한 내용을 읽을 때면, 코미디 그룹 몬티 파이튼(Monty Python)의 영화 〈브라이언의 생애(Life of Brian)〉에 나오는 "언제나 인생의 밝은 면을 바라봐(Always Look on the Bright Side of Life)."라는 노래가 떠오른다. 십자가에 매달린 주인공을 향해 그의 뒤에 매달린 다른 죄수가 위로하듯 불러주며 시작하는 이 노래는 꽤나 냉소적이다. 죽음이 예고된 사람에게 세상의 밝은 면만 보라고 하니 말이다. "걱정하지 마. 기운 내. 다 괜찮을 거야."라는 말을 그럴 듯한 전문용어로 포장했을 뿐 인지행동치료도 그 노래와 비슷한 수작처럼 느껴졌다.

결국엔 우울증을 앓는 것을 우울증 환자 본인 탓으로 돌린다는 인상을 지울 수 없었다. 끔찍한 기분으로 하루하루를 간신히 살아가는 누군가에게 그저 "사고방식만 바꾸면 우울감에서 벗어날 수 있어."라고 말하는 것은 누구라도 할 수 있지 않은가.

하지만 심각한 우울증을 겪는 내담자들을 수없이 만나면서 인지행동치료를 조금 다른 시각으로 바라보게 됐다. 인지행동치료가 우울감 완화를 돕는다는 것도 중요하겠지만, 그보다는 자신의 사고방식이 스스로를 더 심한 우울감에 빠트리는 원인이라는 사실을 일깨운다는 것이 이 치료법의 중요한 강점이라고 생각하게 되었다.

가령 이런 상황을 가정해보자. 당신이 도로에서 운전 중인데 앞 차가 거북이처럼 기어간다. 앞 차 운전자는 자꾸만 쓸데없이 브레이크를 밟는다. 당신은 이렇게 생각한다. "저 자식, 운전 중에 문자질을 하는 게 분명해. 일부러 내가 가는 길을 방해하고 있어." 그러면 어떤 기분이 들까? 분명히 짜증이 치밀 테고 어쩌면 앞 차에게 분노의 제스처를 보내거나 보복 운전을 할지도 모른다. 한편 똑같은 상황에서 이렇게 생각한다고 치자. "앞 차 운전자는 내 동생이고 지금 운전을 배우는 중이야. 꽤 긴장했지만 최선을 다하고 있어. 금방 감을 잡을 거야." 이 경우 당신은 어떤 기분이 들까? 운전자가 염려될까? 아마 그럴 것이다. 짜증이나 분노는 일지 않을 것이다. 인지행동치료의 핵심은 이것이다. 어떤 문제나 상황에 대해 당신이 생각하고 대처하는 방식이 당신의 감정을 좌우한다는 것.

다른 예를 들어보겠다. 만일 당신이 "나는 잘하는 게 하나도 없는 형편없는 인간이고, 아무에게도 사랑받지 못할 것이고, 내 미래도 불행으로 가득할 거야."라고 생각하면 기분이 더욱 나빠지고 우울해진다. 하지만 반대로 "나는 괜찮은 구석이 많아. 어떤 부분들은 개선하려고 노력 중이야. 소중한 사람들과의 관계도 잘 이어왔어. 내 미래가 어떨지는 모르지만 아마 멋진 기회들이 나를 기다리고 있을 거야."라고 생각한다면? 희미하게나마 희망이 느껴지지 않는가.

인지행동치료의 첫 단계는 생각이 감정에 영향을 미친다는 사실을 정확히 아는 것이다. 두 번째 단계는 의식적으로 한발 물러서서 자신의 사고방식을 점검하는 것이다. 자신의 생각이 맞는 것인지 스스로 질문을 던져봐야한다. 입으로 이렇게 소리 내어 말하라. "나는 우울증에 걸렸다. 그러므로 문제를 바라보는 내 사고방식이 옳은 것인지, 아니면 우울증이 내 사고방식을 왜곡하고 있는 것인지 판단해야 한다. 우울증이 나의 문제들을 실제보다 훨씬 더 암울하게 보이도록 만들고 있는 건 아닌가?"

지나친 일반화,
파국화,
흑백 사고

우울증이 정신에 덮어씌우는 인지 왜곡을 극복하기 위해서는 자각해야 한다. 당신을 직접 만나 이야기를 나눠본 적은 없지만, 당신의 사고방식에는 십중팔구 아래에 소개하는 세 가지 인지 왜곡(지나친 일반화, 파국화, 흑백 사고)이 깊이 박혀 있을 것이다.

지나친 일반화

일부 정보만을 토대로 결론을 내리면서 그 결론을 뒷받침하지 않는 정보들, 특히 긍정적인 근거들을 무시하는 것을 말한다. 사실 나도 지나친 일반화의 함정에 종종 빠진다. 인지 왜곡에 관한 바로 이 부분을 쓰면서도 그랬다. 나는 이 책을 쓰는 내내 심리학 개념들을 가급적 이해하기 쉽게 표현하려고 애쓰고 있다. 우울증 환자를 독자로 염두에 둔 만큼, 딱딱한 전문 개념이 그들의 마음에 최대한 현실적으로 가 닿을 수 있어야 하기 때문이다. 그런데 지나친 일반화에 대한 내용을 쓰면서 글이 잘 풀리지 않아 끙끙댔고, 이미 다 망친 것 같다는 생각이 들기 시작했다. "난 어쩌면 우울증에 대한 책을 완성하지 못할지도 몰라. 대체 누가 내 말에 귀를 기울이겠어? 나는 작가로서 재능이 없어."

이런 지나친 일반화는 특정 상황의 다양한 측면을 종합적으로 고려하지 않기 때문에 벌어진다. 긍정적인 정보는 외면한 채 현실을 왜곡해 바라보고 해석하는 것이다. 결과적으로 말하면 나는 책 집필에 실패하지 않았다. 이 부분을 쓰느라 애를 먹기는 했지만 결국 원고를 끝까지 완성했다. 설령 이 책이 모든 독자에게 도움을 주지는 못한다 해도, 그것이 곧 내가 재능 없는 작가라는 의미는 아니다. 설령 당신이 인지 왜곡에 관한 이 내용을 별로 유용하지 않다고 느낀다 해도 어쩔 수 없다. 그렇다고 해서 내가 실패자가 되는 것도 아니다. 이것은 전체 내용의 일부일 뿐이고, 당신은 책의 다른 곳에서 유용한 도움을 얻을 수도 있다. 당신이 일단 여기까지 읽은 것만으로도 놀라운 일이며, 당신이 겪는 정신적 고통을 감안할 때 여기까지 따라와준 것만으로도 기적이다.

지나친 일반화라는 생각의 함정을 벗어나려면, 가장 먼저 자신의 생각에서 한 발짝 뒤로 물러서야 한다. 스스로 이런 질문을 던져보라. "내가 혹시 섣불리 단정 짓고 있는 건 아닐까? 아무래도 타당성이 떨어지는 부정적인 생각을 고집하고 있는 건 아닐까? 지금 이 순간 우울증이 나를 거지같은 기분에 빠트리기 위해 긍정적인 정보를 외면하도록 유인하고 있는 건 아닐까?"

이때 종이를 활용하는 것이 좋다. 빈 종이의 맨 위에 당신이 갖고 있는 부정적인 생각을 적는다. 지나친 일반화를 설명하는 부분을 쓰느라 고전했던 나 자신의 경우라면 "이 부분을 쓰면서 끙끙대고 있으므로 나는 재능이 하나도 없는 작가다."라고 쓸 것이다. 그리고 종이 중앙에 세로로 직선을 그린다. 직선 왼쪽에는 그 부정적인 생각을 뒷받침하는 것처럼 보이는 근거들을 적는다. 이렇게 말이다.

문장을 어떤 식으로 써야 할지 모르겠다.

이 부분을 아직도 끝내지 못했다.

뛰어난 작가라면 이런 문제로 고민하지 않을 것이다.

이제 오른쪽에는 그 부정적인 생각을 뒷받침하지 않는 것처럼 보이는 근거들을 적는다. 다시 말해, 자신이 한 긍정적인 행동들을 적는다(우울증은 당신이 그것들을 무시하게 만들려고 애쓴다). 이때 의식적으로 생각의 속도를 늦춰 천천히, 그리고 열심히 찾아야 할 수도 있다. 얼핏 아주 사소하게 느껴지는 행동이라도 반드시 적어야 한다는 점을 명심하자. 내 경우라면 이런 내용이 될 것이다.

이 개념을 설명할 완벽한 방법은 아직 찾지 못한 것 같지만, 그래도 두세 단락은 썼다.

책의 다른 부분들은 이미 써놓았다.

나는 TV를 보며 게으름을 피우지 않고 있다. 컴퓨터 앞에서 계속 이 부분을 쓰려고 노력 중이다.

나는 메모를 두 장 써놓았고, 그건 내가 이 어려운 부분을 조금씩 완성해나가고 있다는 의미다.

다 쓴 후에는 객관적인 시각으로 왼쪽 칸과 오른쪽 칸의 내용을 읽어보자. 그리고 스스로에게 질문하자. "내가 갖고 있던 부정적인 생각이 아직도 전과 같은 무게로 여전히 타당한가?" 나는 이제 최소한 이렇게 물을 것이다. 괄호 안의 말을 채워서 말이다. "(책의 전체 내용 중에서 일부에 불과한) 이 부분에서 끙끙대고 있으므로 나는 재능이 하나도 없는 작가일까?" 이처럼 종이에 적는 행위를 통해 긍정적인 정보와 근거들까지 고려해보면, 원래 갖고 있던 부정적인 생각이 옳지 않다는 것을 알게 된다. 바로 지나친 일반화라는 인지 왜곡을 깨닫는 순간이다.

파국화

파국화란 부정적인 사건을 크게 과장해 생각하는 것이다. 아주 사소한 부정적인 사건일지라도 머릿속에서 극복할 수 없는 엄청난 일로 바뀌어 버리는 것이다. 작은 실수나 차질이 그 자체로 재앙이 되어버린다. 우울증은 이렇게 속삭인다. "이건 완전히 네 탓이야. 이제 다 끝장났어." 당신의 머릿속에 떠오르는 것은 오로지 최악의 시나

리오뿐이다. 그 괴물은 다른 사람들 모두가 두려워서 그 끔찍한 진실을 말하지 못하는 것이라고, 당신이 현실적인 시각을 가진 유일한 사람이라고 당신을 설득한다. 우울증은 당신이 다른 관점을 취하길 원치 않는다. 즉 그 상황이 사소하기 그지없고 당신에겐 대처할 능력이 충분하다는 사실을 당신 스스로가 깨닫길 원치 않는다. 우울증의 방해 탓에 긍정적인 정보가 바로 눈앞에 있어도 보지 못하는 것이다.

우울증이 당신을 최악의 상상으로 몰고 가려고 애쓰는 것은 그런 상상이 자율신경계를 자극하기 때문이다. 자율신경계는 우리가 위험한 상황에 직면하면 아드레날린을 분비해 싸우거나 또는 도망치게 만든다. 아드레날린이 분비되는 흥분 상태는 싸움을 시작하기 직전이나 달려오는 버스를 피해야 할 때는 유용하지만, 마음을 가라앉히고 차분히 생각하는 데는 도움이 되지 않는다. 아드레날린은 상황을 긍정적으로 해석하려는 시도에 방해가 된다. 바로 이것이 우울증이 원하는 상태다. 몸에 아드레날린이 잔뜩 분비되어, 당신의 행동이나 눈앞의 힘든 상황에 대해 차분히 생각하지도, 긍정적인 측면을 헤아리지도 못하는 것 말이다. 파국적인 결과에 직면해 있고 이제 다 망했다고, 우울증이라는 괴물이 당신을 설득하는 데 성공하면 당신의 우울감은 더더욱 깊어진다.

다음과 같은 상황을 가정해보자. 금요일 오후에 상사로부터 일정과 관련된 메시지를 받는다. 상사는 월요일 오전 9시에 당신과 면담을 하고 싶다고 한다. 그러자 당신은 이런 생각이 든다. "이제 끝장이야. 해고될 건가 봐. 여기서 잘리면 주택담보 대출금을 못 갚게 될 거야. 아내도 날 버리고 떠날 거야. 우리 애들도 다시는 못 보겠지. 내 인생은 이제 끝났어." 파국화 사고의 전형적인 예다. 월요일 아침 면담에서 어떤 얘기가 오갈지 아직 전혀 모르는 상태인데도, 다른 시나리오는 아예 무시한 채 벌써 최악의 상황을 확신하고 있다.

펜과 종이를 이용해 이런 사고방식을 무력화시킬 수 있다. 종이 맨 위에 당신이 상상하는 최악의 상황을 적는다. 위 예의 경우 "나는 해고당할 것이다. 우리 집을 잃을 것이다. 아내도 떠나고 아이들도 다시는 못 볼 것이다. 내 인생은 이제 끝이다."라고 적을 수 있다. 이제 종이 중앙에 세로로 직선을 그린다. 그리고 왼쪽 칸에 그 최악의 상상을 뒷받침하는 것처럼 보이는 근거들을 적는다.

지난주 화요일에 부장님이 날 보고도 모른 척했을 때, 이미 잘릴 것을 직감했다.

이 직장에서 잘리면 뭘 할지 막막하기만 하다.

최근에 아내와 돈 문제 때문에 자주 싸웠다. 만일 회사에서 잘리면 아내는 아이들을 데리고 내 곁을 떠날 것이다.

그런 다음, 오른쪽 칸에는 상황을 긍정적으로 또는 중립적으로 해석하는 경우의 관점들을 적어본다.

예전에도 부장님은 나와의 면담을 요청한 적이 있고, 그때마다 목적은 영업 보고서를 함께 검토하는 것이었다.

아내와 돈 문제로 대화하는 일은 늘 쉽지 않다. 가끔 말다툼도 하지만 생각해보면 싸우지 않을 때가 더 많다. 아내도 나도 지금까지 직장을 여러 번 옮겼고, 따라서 설령 내가 회사에서 잘린다고 해도 우리 결혼생활까지 끝나는 건 아니다.

사실 월요일에 부장님이 무슨 얘길 할지 아직 모른다. 부장님이 만나자고 했다는 얘길 아내한테 하면서 걱정되는 마음을 표현해야겠다. 그리고 월요일에 아무리 안 좋은 얘기를 듣는다 해도 내 인생이 끝나는 것은 아니다.

이 연습의 목표는 나쁜 일이 일어날 가능성을 인정하지 않는 것이 아니다. 당신 몸속에 분비되는 아드레날린을 줄여서 차분하고 명료하게 사고할 수 있도록 하는 것이 목표다. 파국화 사고방식은 당신을 '투쟁 또는 도주' 모드로 몰고간다. 두뇌가 이런 '투쟁 또는 도주' 모드로 움직이면 긍정적인 정보를 수집할 여력이 없어진다. 위 사례의 경우, 물론 부장님이 월요일에 해고 통보를 할 가능성도 완전히 배제할 수는 없지만, 그보다는 최근 영업 보고서를 검토하자고 할 가능성이 훨씬 높다. 잊지 말자. 최악의 상상을 확신하며 계속 그 생각을 곱씹을수록 부분적인 내용에 함몰돼 전체 그림을 보지 못하게 되고, 당신이 그럴수록 우울증은 더 만족스러워한다.

흑백 사고

다른 말로 하면 '모 아니면 도' 사고방식이다. 우울증은 회색 지대는 없고 흑색과 백색뿐이라고 당신을 설득한다. 모든 상황을 이것 아니면 저것, 이렇게 두 가지 양극단으로만 해석하는 것이다.

흑백 사고는 특히 자신에 대해 부정적인 평가를 내릴 때 더 부지런히 작동한다. 나는 게으름뱅이거나 아니거나 둘 중 하나야. 나는 실패자이거나 아니거나 둘 중 하나야. 나는 쓰레기이거나 아니거나 둘 중 하나야. 이런 사고방식에는 중간이라는 게 없다. 그리고 단정적인 확신에 불과하기 때문에 옳은 생각이 될 수 없다.

흑백사고에 갇히면 스스로를 폄하하고 자괴감을 느끼면서 자신의 긍정적인 면은 무시하게 된다. 현실을 왜곡해 바라보는 것이다.

우울증 때문에 뭔가 할 의욕이 나지 않는 것은 게으름과 동일한 것이 아니다. 집중력이 떨어져서 어떤 일을 끝마치지 못한다고 해서 실패자가 되는 것은 아니다. 무기력하고 짜증이 난다고 해서 쓰레기인 것은 아니다. 그 모든 증상은 당신이 우울증을 겪고 있음을 나타낼 뿐이다.

못난 인간이라는 자괴감이 밀려온다면 한 발짝 뒤로 물러서서 이런 질문을 던져보자. "나는 지금 흑백 사고에 빠져 있는 게 아닐까? 중간 지대를 무시하고 이분법적으로만 보게끔 우울증이 나를 조종하는 게 아닐까? 지금 내가 단정적으로 확신하는 나 자신에 대한 부정적인 생각이 과연 맞는 생각일까, 아니면 긍정적인 면을 무시해서 생긴 판단의 오류일까?"

상담을 하다보면 "내 인생은 완전히 실패했습니다."라고 말하는 내담자들을 자주 만나게 된다. 흑백 사고의 대표적인 예다. 주로 그들은 어떤 문제에 부딪혀 좌절감을 느낄 때 그렇게 말한다. 예컨대 직장에서 문제가 있다든지, 인간관계가 잘 안 풀린다든지(특히 상대에게 거부당했다고 느낌) 하는 경우 말이다. 그들은 지금 자신이 처한 상황을 '실패'라고 단정적으로 말하고, 대개 자신이 과거에 한 일, 현재의 상황, 미래 행동까지도 전부 실패라는 단어로 규정하는 경향을 보인다.

흑백 사고의 극복에도 역시 펜과 종이를 활용할 수 있다. 먼저 자신에 대해 단정하는 부정적인 생각을 맨 위에 적는다. 그리고 그것을 뒷받침한다고 여겨지는 근거를 왼쪽에 적는다.

'나는 늘 실패자가 된 기분이었다. 그것 말고 중요한 건 없다.'

'나는 원하는 걸 이루지 못했다.'

'나는 항상 일을 망치기만 한다.'

그리고 종이 오른쪽에 긍정적인 내용을 적기 전에, 먼저 머릿속으로 회색이라는 색깔을 상상하자. 검은색과 흰색 사이에 단계별로 여러 음영의 회색이 존재하듯이, 부정적인 극단과 긍정적인 극단 사이에도 당신이 내릴 수 있는 여러 종류의 결론이 존재한다. 긍정적인 정보뿐만 아니라 회색 영역에 해당하는 생각들도 적어보도록 하자.

난 그 사람과는 어울리는 짝이 아닐지 몰라도, 예전에 상대에게 거절당하지 않은 적도 두 번이나 있다.

나는 원하는 걸 이룬 경험이 있다. 사실 잘 생각해보면 그런 경험을 여러 번 했다.

지금 이 순간 나는 내가 했던 긍정적인 일들을 떠올리려고 애쓰고 있다. 이렇게 시도한다는 것 자체가 긍정적인 일이다.

뇌 속에서 벌어지는
놀라운 일들

우울증이 당신의 뇌를 조종해 왜곡된 사고를 하게 만들수록 당신은 우울감의 동굴로 빨려 들어간다. 그러나 아무리 우울하다 할지라도 당신에게는 문제를 바라보는 사고방식을 바꿀 능력이 있다.

생각하는 방식을 의식적으로 바꾸면 뇌에서는 놀라운 일이 일어난다. 우울 및 불안과 연관된 뇌 부위의 물리적 구조가 실제로 바뀌기 시작하는 것이다. 스웨덴 린셰핑 대학교의 연구팀이 불안 장애와 우울증을 겪는 환자들에게 인지행동치료를 9주간 실시하고 관찰한 결과, 뇌에서 불안감을 관장하는 영역인 편도체의 부피와 활동량이 줄어들어 있었다. 인지행동치료를 이용해 우울감을 완화할 뿐만 아니라 뇌를 물리적으로 변화시킬 수 있다는 사실은 우울증에서 벗어날 수 있는 강력한 무기와도 같다.

기억하자. 우울증은 당신을 더 지독한 우울감에 빠트리려고 애쓴다. 그래서 쓰는 전략이 당신 앞의 문제들을 실제보다 훨씬 더 크고 암울하게 보이도록 만드는 것이다. 어떤 상황에서나 오로지 부정적인 측면만 눈에 들어오게 만든다. 부정적인 정보만 수집하고, 당신을 자기 비난('난 무가치한 인간이야.' '난 형편없는 실패자야.')으로 끌고 갈 기회가 엿보이면 놓치지 않고 파고든다. 그게 전부가 아니다. 긍정적인 정보는 일부러 외면한다. 우울증은 긍정적인 정보를 싫어한다. 특히 당신이 자신에 대해 긍정적으로 생각하는 것을 몹시 싫어한다!

다음 문장을 소리 내어 읽어보자.

우울증은 매사에 최악의 측면에만 주목함으로써 힘을 키운다. 부정적인 정보를 많이 찾아낼수록 힘이 세진다.

당신은 긍정적인 면이나 잘하는 게 하나도 없는 형편없는 실패자라고 우울증이 속삭이고 있는가? 그렇다면 가만히 있지 말고 이렇게라도 대꾸하는 편이 낫다. "나는 스스로를 감정적으로 괴롭히는 일은 '굉장히 잘하는' 사람이야."

이렇듯 사고방식을 점검하기 시작하면, 당신의 머릿속에 부정적이고 자기비하적인 생각이 자동 재생될 때가 얼마나 많은지, 그 반대의 증거들을 얼마나 무시하고 있었는지 깨닫게 된다. 여기서는 이것 하나만은 꼭 기억하길 바란다. 앞으로는 당신이 갖고 있는 부정적인 생각을 알아차리는 순간, 그 생각의 뒷덜미를 잡아서 사형대에 올리듯 빈 종이 맨 위에 던져 놓아라.

종이 중앙에 세로선을 긋고 왼쪽에는 그 부정적인 생각을 뒷받침하는 부정적인 정보를, 오른쪽에는 그것을 뒷받침하지 않는 긍정적인 정보를 적자. 오른쪽 칸을 채울 때는 반드시 의식적으로 천천히 생각하면서 최대한 생각나는 모든 내용을 적길 바란다. 아무리 사소하고 중요치 않게 보이는 정보라도 말이다. 나쁜 생각이 꼬리에 꼬리를 물고 이어지며 확장되듯, 긍정적인 생각도 반드시 꼬리에 꼬리를 문다. 그러니 정말로 사소한 것이라도 꼭 적길 바란다.

이 모든 과정의 핵심은 생각을 종이에 써본다는 데 있

다. 물론 수없이 연습하면 쓰지 않고 생각만으로도 실행할 수 있을지 모른다. 하지만 종이에 적는 물리적 행위는 중요한 차이를 만들어낸다. 우울증의 먹이를 제공하는 신경화학 프로세스에 직접적인 영향을 미칠 수 있다.

오늘의 메모

거울 앞에 서서 오늘 하루 잘했다고 생각하는 일들을 소리내어 말하자.

"오늘 나는 회사에서 정말 열심히 노력했어. 별로 나쁘지 않은 하루야."

"오늘 나는 아침에 조깅하면서 땀을 흘렸어. 정말 잘한 일이야."

작은 일일수록 더욱 좋다.

우울증의 언어에
저항하기

도로에서 다른 자동차가 당신 차의 진로를 방해할 때 이런 생각이 드는가? "나한테는 '항상' 이런 일이 일어나!" 약속시간에 늦었는데 신호등 빨간불에 걸리면 "매번 이 모양이야! 빌어먹을!"이라고 외치는가?

그것은 당신의 목소리가 아니다. 단언컨대 당신은 원래 그런 사람이 아니다. 그 목소리의 주인은 당신이 아니라 우울증이다.

'항상'이나 '매번' 같은 단어는 당신이 운전할 때마다 그런 상황이 반드시 일어나는 것처럼 사실을 왜곡한다. 즉 그건 거짓말이다. 당신은 '항상' 다른 차에게 진로 방해를 받지 않으며, 운전할 때마다 '매번' 빨간불에 걸리지 않는다. 우울증이 인지 왜곡을 동원해 당신이 긍정적인 정보를 무시하게 만들었을 뿐이다. 당신을 더 깊은 자괴감에 빠트리려는 술책을 부린 것이다.

우울증은 '모든', '항상'처럼 단정적이고 절대적인 표현을 좋아한다. 흑백 사고라는 인지 왜곡이 만들어내는 표현이기 때문이다. 우울증은 당신이 그런 단어를 쓰게 만들려고 애쓴다. 당신이 '일부', '때때로', '이따금'처럼 중간 지대에 해당하는 표현을 쓰는 것을 끔찍이 싫어한다.

당신은 이런 생각이 들지도 모른다. "내가 신호등에 걸렸을 때 어떤 표현을 쓰는지가 대체 왜 중요하다는 거야?" 좋은 질문이다. 우리가 평소 사용하는 단어는 정신에 미묘하게 영향을 미친다.

하지만 우울증은 그 사실을 당신이 깨닫기를 원치 않는다. 그런 단정적인 표현을 쓰게 유도해서, 나쁜 일이 '일어나지 않은' 때가 더 많다는 사실을 무시하게 만든다. 다시 말해 긍정적인 정보를 인지하지 못하도록 만드는 것이다. '항상', '모든', '절대로' 같은 단어들을 쓰면 쓸수록 당신의 우울감은 더 심해진다.

내가 내담자들에게 권하는 방법을 소개하겠다. 당신이 그런 단어를 떠올리고 말하려는 걸 깨닫는 순간, 마음속에서 해당 단어에 빨간 펜으로 동그라미를 쳐라. 이 행동 자체가 그것이 우울증의 언어임을, 그 목소리가 실제 사실과 다름을 당신에게 상기시킬 것이다.

회피하기,
미루기,
완벽주의

앞서 우울증이 당신의 피로하고 무기력한 기분을 심각한 우울감으로 악화시키는 과정을 설명했다. 우울증의 유혹에 이끌려 당신이 뇌로 흘려보내는 유해한 물질들(알코올, 전자미디어, 정크 푸드, 마리화나)에 대해서도 자세히 살펴보고, 그런 물질로 잠깐 기분이 좋아지더라도 결국은 반동 효과로 우울감이 더 악화된다는 사실도 설명했다.

지금부터는 우울증이 당신을 우울감에 묶어놓기 위해 유도하는 특정한 행동방식들을 설명하겠다. 그리고 그 행동을 깨트리는 방법도 알려줄 것이다.

회피하기

우울증은 당신이 문제에 대응하는 대신 회피하게 만들려

고 한다. 하지만 피하면 피할수록 대개 문제는 더 악화되고, 문제가 악화되면 걱정과 불안은 커진다. 우울증의 목표는 당신을 최대한 수동적인 인간으로 만드는 것이다. 그래야 우울증의 힘이 더 강해지기 때문이다. 그저 침대에 누워 있는 것만을 말하는 게 아니다. 당신이 문제를 회피하고 그것에서 도망치기 위해 취하는 온갖 수동적인 행동들도 우울증을 강하게 만든다.

우울증은 마치 짙은 안개로 가려진 진흙 구덩이와도 같다. 당신은 시야가 흐려 방향을 종잡을 수 없는 곳에서 앞으로 걸어 나가려고 애쓰지만 찐득거리는 진흙이 당신 몸을 휘감아 끌고 내려간다. 걸음을 뗄 힘조차 없는 상태에서 당신은 이렇게 생각한다. "그냥 여기 있을래. 앞으로 나아가는 건 포기하겠어. TV나 봐야지. 게임이나 해야지. 휴대폰이나 들여다봐야지. 술이나 마셔야지. 담배나 피우지 뭐. 움직이지 않고 그냥 이렇게 가만히 있으면 괜찮을 거야."

미루기

우울증은 당신이 문제를 회피하게 만들려고 다양한 방법을 동원하는데 대표적인 것이 '미루기', 즉 "내일 해야지."라고 말하는 습관이다. 해야 할 일을 자꾸 미룰수록 걱정과 불안과 자괴감은 커지기 마련이다. 당신에게 별로 중요하지 않은 일, 예컨대 타인의 할 일 목록에 있는 일을 말하는 게 아니다. 그런 일을 미루거나 끝내지 못한다고 해서 당신이 불안할 이유는 없다. 내가 말하는 것은 당신이 해야 할 일을 미루는 행동이다. 해야 한다고 생각은 하면서도 미루고만 있으면 자꾸 그 일을 걱정하게 되고, 그럴수록 우울증은 에너지를 얻는다. 이를 달성하기 위해 우울증은 단순하지만 강력한 인지 왜곡 두 가지를 활용한다. 바로 '모 아니면 도' 사고방식과 완벽주의다.

모 아니면 도

'모 아니면 도' 사고방식은 어떤 문제에 대응할 때 꼭 100퍼센트 해결해야 한다고 믿는 것이다. 문제를 한 번에 전부 해결해야 한다는 생각 자체는 엄청난 부담감을 가져오고, 그럴수록 문제를 회피하고 미룰 확률이 매우 높아진다.

그러나 이런 사고방식을 깨트리는 방법이 없는 것은 아니다. 전부가 아니라 조금만 해결해도 괜찮다고 마음먹는 것이다. 나는 이것을 '조금씩 전략'이라고 부른다.

다음은 나를 찾아온 내담자의 사례다. 그는 자기 삶이 엉망이라고 느끼고 있었으며, 그런 느낌을 유발하는 주요 원인은 책상 위를 점령한 온갖 서류들 때문이었다. 그의 책상에는 개인 문서, 세금 신고서, 업무용 서신, 각종 청구서, 파일 등이 몇 년째 어지럽게 쌓여 있었고, 스스로 '게으르고 정리 안 된 인간'이라고 믿으면서 우울함에 시달렸다. 책상을 정리하려는 생각만 떠올려도 미리부터 지쳐버리곤 했다. 그리고 그 문제를 자꾸 피하면서 미룰수록 기분은 더 우울해졌다.

책상을 반드시 한꺼번에 정리해야 한다는 법은 없는데도 그는 그렇게 생각하지 못했다. 하지만 한 번에 조금씩 해나가도 된다고 관점을 바꾸자 상황이 달라졌다. 그는 먼저 마트에 가서 작은 타이머를 샀다(지금처럼 휴대폰이 일상화되기 전이었다). 그리고 타이머를 4분 53초로 설정해놓고 책상의 한쪽 일부를 정리하기 시작했다. 5분은 기분 상 왠지 부담스러워서 4분 53초로 정했다고 한다. 그렇게 매일 정리하니 약 11일 후에는 책상이 아주 깨끗해졌다. 소요된 총시간은 54분이 약간 못 되었다. 하지만 만일 그가 실제로는 가끔씩 '규칙'을 어기고 4분 53초보다 더 오랫동안 정리를 했다 해도 상관없다. 그랬다 하더라도 책상 정리에 소비된 총 시간은 불과 몇 시간이었을 것이다.

이 전략은 어질러진 책상에서 끝나지 않았다. 그는 자기 삶의 다른 문제들에도 타이머를 활용하기 시작했다. 전 부인을 만나 불편한 주제로 대화를 나누는 일, 잡동사니 가득한 차고를 치우는 일, 이력서를 업데이트하는 일 등 말이다. 그는 전 부인과의 '모든' 갈등을 '완벽하게' 해결하지는 못했고, 알코올중독 때문에 생기는 '모든' 문제를 없애지는 못했지만, '조금씩 전략'을 사용하면서부터는 자신이 뭔가 하고 있다는, 조금씩 앞으로 나아가는 기분이 든다고 고백했다. 삶에 대한 통제감도 한층 커졌다.

완벽주의

일을 미루고 문제를 회피하게 만들기 위해 우울증이 활용하는 또 다른 전술은 완벽주의다. 완벽주의는 우울증이 믿는 종교와도 같다. 내가 이 인지 왜곡을 '종교'라고 표현하는 것은, 언제나 모든 것을 완벽하게 해내야 한다고 굳게 믿는 사람이 너무나 많기 때문이다. 그들은 뭔가를 완벽하게 해내지 못하면 무슨 엄청난 죄라도 저지른 것처럼 자책한다.

완벽한 사람은 없다. 우울증은 이 점을 악용해 '자기 비난'이라는 초토화 작전을 펼친다. 완벽하게 해내지 못했다고 스스로를 비난하며 자책할수록 당신의 우울감은 깊어질 수밖에 없다.

완벽주의라는 종교의 신도가 된 사람은 '완벽하게' 하지 않을 거라면 차라리 안 하는 게 낫다고 생각한다. 그들은 '완벽하게' 술을 끊지 않는 한 잠시 안 마시는 것은 의미가 없다고 생각한다. '완벽하게' 습관으로 만들지 못할 거라며 운동을 시작조차 하지 않는다. 여기서 제안하는 내용 전부를 '완벽하게' 실천하지 않는다면 이 책을 읽는 것도 의미가 없다고 여길 것이다.

하나같이 모두 우울증의 교활한 목소리다. 우울증은 당신이 완벽하게 해야 한다고 생각하면 아예 시도조차 하지 않을 가능성이 높다는 걸 너무나 잘 알고 있다. 크게 외쳐 알려주고 싶다.

완벽해지려고 하는 것은 시도하지 않는 것만큼이나 바람직하지 않다!

책상을 완벽하게 정리하려는 일이든, 매일 아침 조깅을 하려는 것이든, 대화하면서 빈틈없이 완벽한 논리로 말하려는 것이든, 완벽을 추구하는 것 자체는 필연적으로 실패할 수밖에 없다. 이 세상 어디에도 완벽한 사람은 없기 때문이다.

'실패'는 자기혐오와 자기비난으로 이어지고, 그러면 또 우울증은 엄청난 에너지를 얻게 된다. 이것이야말로 우울증이 원하는 '완벽한' 상황이다. 완벽주의에 지배당하면 뭔가를 새로 하려는 시도는 더욱 힘들어지고, 당연히 우울증의 힘은 더 세진다.

이러한 인지 왜곡에 대항하려면 어떻게 해야 할까? 내가 강력히 권하는 방법은 이것이다. 뭔가를 할 때 일부러 불완전하게 하려고 의식적으로 노력하는 것! 조깅을 하러 나갔다면 중간쯤부터는 달리지 말고 걸어라. 책상 정리를 시작하되 47초쯤 하나가 그만둬라. 이 책을 처음부터 다시 읽되 이번에는 제목만 보라. 그리고 똑같은 방법으로 다시 시도해보라. 스스로에게 완벽하게 하지 않아도 된다는 허락을 내리는 것이다. 이렇게 자꾸 연습하면 우울감 완화에 분명 도움이 된다.

오늘의 연습

1. 미루고 있는 일 한 가지를 종이에 적는다.

2. 그 일을 실행하되 불완전하게 할 구체적인 방법도 적는다.

3. 완벽함과 거리가 멀수록 좋다.

아무것도 하기 싫은 무기력에서 탈출하기 위한 대표적인 인지행동치료 기법은 '비율을 활용해 생각하는 것'이다. "나는 실패했어."(모 아니면 도 사고방식)라고 생각하는 대신, "나는 목표한 것의 67퍼센트를 해냈어." 또는 "목표 지점까지 51퍼센트 왔어."라고 생각하는 것이다.

땅바닥에 떨어진 의욕을
끌어올리는 법

최근에 한 내담자가 내게 이렇게 말했다. "의욕이 생기길 기다리고 있습니다." 그는 성인이 된 이후 대부분의 시간을 그렇게 기다리며 살았다. 인내심이 매우 강한 것일 수도 있겠지만, '너무' 강한 것인지도 모른다. 어떤 과감한 조치를 취하지 않는 이상, 십중팔구 그는 다음 달에도, 내년에도, 10년 후에도 똑같이 말할 것이다. 그는 계속 기다릴 것이고, 어쩌면 의욕은 그에게 영영 찾아오지 않을 수도 있을 것이다.

결론부터 말하자면, 안타깝게도, 그가 기다리고 있는 의욕은 찾아오지 않을 가능성이 높다. 어째서일까? 그는 의욕의 법칙을 거스르고 있기 때문이다. 즉 마음속에 의욕이 솟아나기만을 기다리면서 그때가 되면 '행동'하겠다고 생각하는 것이다.

의욕의 법칙은 '행동이 의욕을 만들어낸다'라는 것이다. 의욕을 일으키는 것은 바로 몸을 움직여 뭔가를 하는 행위다. 행동을 하면 뒤이어 의욕이 높아진다. "아무것도 하기 싫어."는 미루는 습관을 부추기는 우울증의 목소리이기도 하지만, 그동안 사용하지 않아서 작동이 정지돼 있던 수많은 몸속 세포들이 내는 목소리이기도 하다. "소파에서 일어나기 싫어. TV를 끄고 싶지 않아. 나를 움직이게 하지 마. 그냥 내버려 둬."

그렇다면 의욕에 시동을 걸려면 구체적으로 어떻게 해야 할까? 첫째, 당신이 하기 싫은 행동이나 과제, 집안일을 최대한 작게 여러 부분으로 쪼개라. 쉽게 실행할 수 있는, 가급적 구체적이고 작은 행동들로 나눈다. 둘째, 앞에서 말한 조금씩 전략을 이용해 그 작은 행동을 4분 53초 동안 하라. 이때 중요한 것이 있다. 4분 53초가 되면 하던 일을 멈춰야 한다. 4분 54초도, 5분도 안 된다. 4분 53초가 되면 무조건 그만둔다.

우울증은 말할 것이다. "웃기는 짓이야. 4분 53초라니. 그렇게 짧은 시간엔 아무것도 못 해." 아주 틀린 말은 아닐지 모른다. 당신이 회피하고 있는 그 일을 끝내려면 4분 53초보다는 긴 시간이 필요할 것이다. 하지만 오랜 동안 망설이기만 하고 미뤄두었던 일을 시작하는 데에는 4분 53초가 결코 부족하지 않다. 게다가 일단 시작하고 나면 뇌에서 의욕을 불러일으키는 신경전달물질인 도파민이 분비되어, 해당 행동을 계속하려는 의욕이 높아진다.

4분 53초간 한 후에는 똑같은 시간만큼 '휴식'을 취하자. 그러고 나서 두세 번쯤 더 할 것인지 말지를 결정하면 된다. 할 수 있겠다 싶으면 또 하되, 한 번에 4분 53초를 넘지 않도록 하자.

수치심 때문에
달리기조차 못 하겠다는
당신에게

무기력에서 탈출하는 또 다른 강력한 전략은 수치심이라는 감정과 관련되어 있다. 당신은 어떤 외부 규칙에 어긋나게 행동했다며 우울증이 나무라는 목소리를 들으면서 수치심을 느낀다. 예컨대 바지 지퍼가 열린 채로 돌아다녔다는 사실을 알았을 때, 칠칠맞지 못하게 사람들 많은 길에서 도로 경계석에 발이 걸려 넘어졌을 때 우리는 창피함을 느낀다. 우울증은 남들이 당신을 비웃으면서 경멸한다는 확신을 심어준다. 우울증은 당신이 어떤 일을 회피하게 만들기 위해서 "제대로 하지 못하면, 실패하면, 얼마 하다 못해서 또 포기하면, 우스꽝스럽게 하면, 사람들로부터 손가락질을 받고, 창피함과 수치심을 느끼게 될 거야."라고 속삭인다. 그러면 당신은 또 그 일을 미루게 된다.

수치심을 떨쳐내는 좋은 방법이 있다. "남들이 나에 대해 뭐라고 생각하든 전혀 상관없어!"라는 말을 스스로에게 반복하는 것이다. 나 역시 사람들이 나를 이런저런 잣대로 판단하면 어쩌나 하는 두려움을 극복하고 싶을 때마다 이 말을 되뇐다.

사실 나는 나이를 먹으면서 남들한테 너무 천천히 달리는 나의 모습을 보여주는 게 창피했다. 밖에 나가 조깅을 한다는 것 자체가 자랑스러운 일임을 스스로에게 자꾸 상기시키지만, 마음속의 또 다른 목소리는 너무 느리게 뛴다고 나를 조롱한다. 컨디션이 안 좋거나 좀 우울한 날이면 조롱의 목소리는 더 커진다. 내 옆을 쌩하고 지나가는 운전자들이 나를 보고 "저런 멍청이. 제 몸뚱이를 간신히 끌고 가고 있네."라고 생각할 것만 같다. 하지만 그럴 때 "남들이 나에 대해 뭐라고 생각하든 상관없어!"라고 속으로 외치면 마음이 가벼워지면서 힘이 솟는다.

남들이 나에 대해 어떻게 생각할지를 걱정하는 것은 거꾸로 말해서 그들의 생각을 통제하려는 시도와 비슷하다. 그것은 쓸데없는 에너지 낭비다. 그리고 사람들은 누구나 자신만의 의견을 가질 권리가 있다. 설령 그것이 나에 대한 의견이고, 내가 알게 되면 싫어할 만한 의견이라 할지라도 말이다. 나는 수치심이 들려고 할 때마다, 사람들에게는 내 말이나 행동을 싫어할 권리가 있다는 사실을 떠올린다. 그러면 남들이 나에 대해 어떻게 생각할까 하는 걱정은 자연스레 사라진다. 결국엔 그들이 어떻게 생각하든 그건 그들의 일이고 내가 통제할 수 없다. 즉 내가 상관할 수도 없고 상관할 바도 아니다. 이런 식으로 생각하면서 나는 수치심이나 창피함에서 자유로워지고 대신 내가 하는 일에만 집중할 수 있게 되었다.

이 수치심 극복 전략은 꽤 유용하지만 그 효과가 하루 종일 지속되지는 않는 것 같다. 내 경우를 말하자면 대략 3분 정도 지속되다가 다시 걱정이 스멀스멀 찾아온다. 하지만 그럴 때마다 나는 다시 속으로 또 크게 외친다.

남들이 나를 어떻게 생각하든 상관없어!

일부러, 일부러, 일부러
완벽하지 않기

우울증은 당신이 문제를 정면으로 마주하고 그것에 대처하는 것을 회피하게 만들기 위해 온갖 애를 쓴다. 당신을 완벽주의라는 종교의 신도로 만들어 버린다. 완벽하게 해야 한다고 믿을수록 시도조차 할 의욕이 안 생긴다는 사실을 알기 때문이다.

미루는 태도를 극복하기 위한 핵심은 할 일을 작은 부분들로 나누는 것이다. 너무 쉬워서 피식 웃음이 나올 만큼 간단하게 말이다. 실행하려고 할 때 여전히 부담스럽다면 아직 충분히 작게 나누지 않은 것이다. 그럴 땐 그 일을 더 작게 쪼개자. 그리고 타이머를 맞춰놓고 그 작은 부분을 하나씩 실행하자.

하지만 그렇게 했다고 해서 우울증이 순식간에 사라지는 것은 아니다. 우울증은 결코 작은 곰 인형 따위가 아니다. 우울증은 당신으로 하여금 그 작은 행동마저도 미루게 만들려고 여전히 애쓸 것이다. 당신 마음이 훨씬 끌릴 만한 다른 행동으로 자꾸만 유혹할 것이다.

그리고 우울증은 다음과 같은 세 가지 생각을 당신의 마음속에 주입할 것이다.

1. 작게 나눈 그 행동을 해도 우울하기는 마찬가지야.
2. 넌 절대 해낼 수 없어.
3. 만일 할 거라면 완벽하게 해야 해.

이런 목소리엔 이렇게 맞받도록 하자.

1. 예전에 훨씬 더 우울했던 적도 많아. 이 작은 행동은 나를 무너트리지 않아.
2. 난 해낼 수 있어. 하겠다고 생각했다는 것만으로도 벌써 51퍼센트는 온 거나 마찬가지야.
3. 완벽하게 못해도 괜찮아. 사실 일부러 완벽하지 않게 할 거야.

외로움이라는 감옥에서
벗어나는
법

우울증의 핵심 정서는 관계 결핍과 밀접히 연결되어 있다. 물론 나를 찾아오는 많은 환자들이 분노와 짜증을 자주 느낀다고 말하지만, 우울증에 걸린 사람들이 공통적으로 느끼는 감정은 사람들과 단절된 느낌, 즉 강한 고립감이다. 분노의 화살이 결국엔 자기 자신을 향하게 되더라도, 우울증을 악화시키는 다양한 종류의 행동이 발견된다고 하더라도, 외로움이야말로 우울증의 가장 근본적인 정서다.

우울증에 걸린 사람은 고립된 세계에 살며 심한 외로움에 시달린다. 이때의 외로움은 사람들 사이에서 인기가 많은지, 소셜미디어에서 팔로워가 많은지, 알고 지내는 친구가 몇이나 되는지와는 상관이 없다. 그들의 외로움은 속마음을 터놓을 만큼 친밀한 관계라고 느끼는 사람이 있는지 없는지, 혹은 얼마나 되는지에 달려 있다.

우울증을 겪고 있는 사람들에게는 깊고 진실한 인간관계가 필요하다. 우울증을 앓지 않는 사람들은 그런 인간관계를 원하지 않는다는 얘기가 아니다. 우울증 환자에겐 특히 더 필요하다는 의미다.

우울증 환자들의 경우, 인간관계 욕구가 충족되지 않으면 매우 심한 정신적 고통을 겪는다. 특히 그들은 상대방에게 거절당했다는 느낌을 받으면 마음을 크게 다친다. 그래서 거절당하는 것이 두려워서, 거절당하는 괴로움으로부터 자신을 보호하기 위해서, 새로 사람을 사귀는 데 소극적인 것이다.

사람들과 교류 없이 혼자 보내는 시간이 많을수록 외로움은 커지고, 외로움이 커지면 우울감도 심해진다. 그리고 우울감이 심해질수록 우울증이 그토록 바라는 자멸적인 행동들을 할 가능성도 높아진다. 우울증은 이렇게 당신을 스스로 고립시켜 보이지 않는 마음의 감옥에 가둔다.

사회적 고립이라는
감옥

사람들과의 교류가 적고 사회적 관계가 부족한 사람일
수록 깊은 우울감을 경험할 확률이 높다. 독방 감금이 교
도소 내의 형벌에 속하고 심지어 고문 방법의 하나로 이
용되는 것도 그 때문이다. 장기간 독방에 감금된 사람은
정신 이상 증세를 보이거나 자살 충동을 느끼는 경우가
많다.

　인간의 두뇌는 수백만 년에 걸쳐 진화했으며, 우리의
조상들은 수십만 년 동안 구성원들끼리 끊임없이 상호작
용해야 하는 집단을 이루며 살아왔다. 언제나 다른 구성
원들과 함께 아침을 시작하고, 함께 낮시간을 보내고, 밤
이면 함께 잠자리에 들었다. 물론 숲으로 혼자 사냥을 나
가서 무리와 떨어질 때도 있었지만, 사냥터조차 가족이
나 자신의 부족으로부터 아주 멀리 떨어진 곳은 아니었

다. 즉 당신이 지금 책을 읽으면서 사용하고 있는 두뇌는 지속적인 사회적 상호작용이 일어나는 환경에서 살던 조상들로부터 진화해온 것이다.

그러나 현대사회에서는 타인과의 직접적인 상호작용이 점점 줄어들고 있다. 도시든 작은 마을이든 요즘은 다른 사람과 직접 만나지 않고서도 며칠을 살 수 있다. 많은 관계들은 가려져 있고, 기능적으로 혹은 피상적으로 연결되어 있을 뿐이다. 버스 운전사가 나를 태워 직장에 데려다 주지만 나는 그를 알지 못한다. 음식점의 요리사가 내 점심을 만들어 주지만 나는 그를 알지 못한다. 택배 기사는 내가 주문한 상품을 문 앞까지 가져다주지만, 나는 그를 알지 못한다. 수많은 사람들이 나의 하루에 기능적으로 관계를 맺고 있을 뿐, 나는 그들과 인간적인 관계를 맺지 않는다. 게다가 소셜미디어를 비롯한 디지털 시대의 문화가 사람들의 고립을 더 강화한다. 가상의 친구, 가상의 인간관계, 가상의 삶이 우리에게 점점 익숙해지고 있다.

이런 가상의 관계가 실제 현실에서의 사회적 관계를 대체하기 시작하면 뇌의 신경 구조는 중대한 손상을 입는다. 우리의 삶을 지탱해주는 생명력의 핵심, 다시 말해 우리의 두뇌는 활발한 대인 상호작용과 긍정적이고 의미 깊은 사회적 관계를 자양분으로 삼아 오랜 세월 진화해 왔기 때문이다.

현재 당신의 인간관계를
종이에 그려보세요!

우울증은 당신이 다른 누군가에게 중요한 존재라는 기분을 느끼는 것을 원치 않는다. 당신이 사람들과 관계를 맺지 않고 혼자만의 방에 틀어박히기를 원한다. 그리고 이런 질문을 떠올리는 것을 원천적으로 차단한다. "사람들과 더 돈독하고 좋은 관계를 맺으려면 어떻게 해야 할까?" 나는 당신에게 지금 당장 밖으로 나가 사람들과 어울리며 파티의 분위기 메이커가 되라고 말할 생각이 없다. 모든 사람에게 좋은 친구가 되라고 조언하고 싶지도 않다. 내가 제안할 내용은 아주 간단하다. 현재 당신의 인간관계를 종이에 그려보라!

이렇게 하면 당신이 속한 사회적 세계가 한눈에 들어온다. 종이와 펜만 준비하면 된다. 종이 중앙에 동전 크기만 한 작은 원을 그린다. 이 원은 당신을 의미하므로 원

안에 당신의 이름을 적는다. 이제 그 원 주변에 역시 동전 크기의 다른 원들을 그린다. 이 원들은 당신의 주변 사람들이다. 그들의 이름을 각 원 안에 적는다. 당신과 가까운 사람들은 중앙으로부터 가까운 원에, 그냥 알고 지내는 관계나 자주 연락하지 않는 사람들의 이름은 더 멀리 있는 원에 쓴다. 이제 당신의 이름이 적힌 중앙의 원과 주변의 원들을 각각 선으로 연결한다. 이렇게 하면 당신이 속한 인간관계 망이 그림으로 완성된다.

"하지만 내게 인간관계라고 할 만한 게 없으면 어떡하죠? 주변에 나를 좋아하는 사람이 아무도 없다면요?" 만일 이렇게 반문한다면, 내가 제안한 그림 그리기를 약간 오해한 것이다. 바깥쪽 원들에 꼭 당신을 좋아하는(즉 당신이 그렇다고 믿는) 사람들만 적어야 하는 것이 아니다. 직장 동료, 동네 사람, 가족 구성원, 먼 친척, 오래된 혹은 새로 알게 된 사람 등등, 말 그대로 당신이 아는 주변 사람들을 적으면 된다. 이 그림의 목적은 그저 당신의 현재 상태를 시각화해서 보는 데 있을 뿐이다.

이 책에서 소개하는 방법들을 실천해나가면서 당신의 인간관계 망이 더 복잡해지고 깊어졌으면 하는 게 나의 바람이다. 가느다란 와이어들이 꼬아져서 튼튼한 철강 케이블이 되듯이, 당신의 원 주위에 작은 원들이 하나둘 늘어나고, 혹은 당신이라는 원과 타인이라는 원 사이에 작용하는 인력이 강해질수록 당신은 안정감을 느끼게 될 것이다.

이제부터 나는 의미 깊은 인간관계를 맺고 교감을 높이기 위한 세 가지 전략을 소개할 것이다. 이들 전략은 뇌의 신경화학 프로세스를 변화시킨다. 사람들과 사회적 관계를 맺으면서 유대감을 경험하면 뇌에서 옥시토신이라는 신경전달물질의 분비가 증가하고, 옥시토신은 마음을 안정시키는 세로토닌의 분비를 촉진한다. 뇌의 신경화학물질이 긍정적으로 변화하면 우울증의 힘이 줄어든다. 세 가지 전략은 아래와 같다.

1. 감정에 귀 기울이기(적극적으로 듣기)

2. 원하는 것을 직접 요청하기(적극적으로 말하기)

3. 티쿤 올람('세상을 개선하라')

오늘의 연습

매일 아침 당신의 연락처에 있는 사람들 중 한 명에게 짧은 이메일이나 문자 메시지를 보내자. 그저 "안녕하세요, 잘 지내죠?"라고 간단하게 보내도 좋고, 상대방의 관심사와 관련된 링크를 보내도 좋다. 답장이 오지 않아도 상관없다. 그저 당신이 그 사람을 떠올렸다는 사실을 알려주는 데 의미가 있다. 연락처 목록 중에서 당신이 좀 더 자주 만나고 싶은 사람들에게는 적어도 두 달에 한 번은 안부를 묻자.

적극적으로 듣기 1단계
― 감정에 귀 기울이기

상대방과 정서적으로 교감하는 가장 효과적인 길은 말을 듣는 여러 방법들 속에 있다. 상대방의 감정에 적극적으로 귀를 기울이면 그가 겪는 상황을 더 잘 이해할 수 있을 뿐만 아니라, 상대방은 자신이 충분히 이해받는다고 느끼게 된다. 또한 '감정에 귀를 기울이는 것은 당신 뇌의 신경화학 작용을 직접 변화시킨다.' 정서적인 교감을 강하게 느낄수록 뇌에서 옥시토신이 더 많이 분비되는 것이다. 옥시토신은 기분을 좋게 만들 뿐만 아니라, 우울감을 완화하는 세로토닌의 분비를 자극한다.

정성껏 듣는 것은 당신이 타인에게 줄 수 있는 최고의 선물 중 하나다. 상대방은 앞에 앉은 당신이 진심으로 귀를 기울여, 자신의 감정에 관심을 갖는다고 느낄 때, 당신에게 이해받고 있음을 실감하게 된다. 이런 정서적 연결은 진정성 있는 관계의 기초다. 상대방이 '이 사람은 내 감정에 귀 기울이고 공감하는구나.'라고 느낄수록 깊은 교감을 경험한다.

진심어린 듣기의 핵심은 상대방의 감정에 집중하는 것이다. 심리치료 전문가인 내가 중요하게 활용하는 기법도 바로 듣기다. 사람들이 목소리를 높이거나 고함을 지르는 이유는 딱 하나다. 자신의 말과 감정에 상대방이 귀 기울이지 않는다고 느끼기 때문이다. 사람들이 심리치료사를 향해 고함을 지르지 않는 이유는(대화 주제가 민감하거나 까다로운 경우라도) 자신의 감정을 치료사가 인정해준다고 느끼기 때문이다. 즉 심리치료사는 고개를 끄덕이고, 충분히 그럴 수 있다고 말하고, 그들의 감정을 있는 그대로 받아들여준다. 따라서 내담자는 자신의 말을 상대가 성의껏 들어준다고 느낀다. 상대가 자신의 감정에 관심을 가져준다고 느껴지면 그 사람과 관계를 맺고 싶기 마련이다.

나는 내게 의미 있는 누군가와 대화할 때면 "이 사람의 기분은 어떨까?"라는 질문을 마음속에 계속 떠올린다. 그의 감정이 어떨지, 내가 그 사람 입장이라면 어떤 기분

일지 이해하려고 노력한다. 그런데 나도 간혹 그게 잘 안

될 때가 있다. 어째서일까?

대부분의 사람들이 어려서부터 타인의 감정을 살피

는 훈련을 제대로 받지 못하고 자랐기 때문이다. 문제를

보고 해결책을 제시하는 법만 배웠지 누군가의 감정을

알아채고 그 감정에 고개를 끄덕여주는 태도와 기술은

배우지 못했기 때문이다.

문제 해결 능력은 아주 중요한 기술이다. 특히 일터

에서는 이 능력이 매우 중요하며 어떤 사람들은 그런 능

력 덕분에 상당한 수입을 올리며 살아간다. 하지만 우리

에게 의미 있는 사람들과 더 깊은 관계를 맺는 문제에서

는 그런 능력이 별로 빛을 발하지 못한다. 많은 사람들이

(대체적으로 여성보다 높은 비율의 남성들이) 상대방에게 성급하게 조

언을 하는 실수를 범하곤 한다. 상대방의 감정은 헤아리

지 않은 채 문제를 잠시 듣고 있다가 말허리를 끊고 끼어

들어 해결책을 제시하는 것이다. 이 같은 '대충 듣고 조언

건네기' 접근법의 문제는 그 해결책이 아무리 훌륭하다

할지라도 상대방이 '이 사람은 내 말을 성의껏 듣지 않는

구나.'라고 느끼게 된다는 것이다.

그래서 '적극적으로 듣기'가 필요하다. 상대방으로 하여금 당신이 정성껏 듣고 있다고 느끼게 만드는 구체적인 다섯 가지 방법은 다음과 같다.

1. 상대방이 이야기하고 있을 때는 무조건 입을 다문다

상대방의 말에 끼어들지 않겠다고 다짐하며 대화를 시작하라! 남의 말허리를 자르고 들어가는 습관이 있는 사람이면 특히 이 점을 유념해야 한다. 다짐을 했는데도 상대의 말을 끊고 싶은 충동이 일면 허벅지를 꼬집어라. 아플 때까지 말이다. 당신 앞에 앉은 사람이 원하는 만큼 이야기하게 놔두어라.

2. 기분과 감정에 집중한다

예컨대 "직장에서 받는 스트레스가 엄청나."라고 말하는 사람의 핵심 감정은 '스트레스'다. 상대방이 집에 돌아가는 길의 교통체증을 불평한다면 그가 느끼는 감정은 '답답함'이다. '왜'에 신경 쓰지 말고 상대의 '상태'에 집중한다.

3. 기분이 어떠냐고 직접 물어본다

상대의 감정을 정확히 포착하기 힘들다면 단도직입적으로 "그래서 어떤 기분이 들어요?"라고 물어라. 이것은 진정성 있는 관계를 만들어 나가는 데 있어 매우 효과적인 질문이다. 이 질문은 자주 활용할수록 좋다.

4. 상대방이 표현한 감정을 다시 반복해 말하며 확인한다

아주 간단한 일임에도 불구하고 이걸 잘 못하는 사람들이 많다. 이 단계에서는 당신이 집중해서 경청하고 있음을 상대방에게 알려주게 된다. 일테면 "~인가 봐."라는 표현으로 응수하면서 상대가 느낀다고 말한 감정을 반복해서 언급한다.

예를 들어 누군가 당신에게 하루가 정말 힘들었다고 투덜대면, "직장에서 스트레스를 정말 많이 받나 봐."라고 말해준다. 상대방이 집에 도착하기까지 시간이 너무 오래 걸렸다고 말한다면, "체증이 진짜 심했나 보네. 짜증났겠어."라고 공감해준다.

중요한 것은 상대방의 감정에 반박하지 않는 것이다. 상대가 자신이 겪은 일과 느낀 감정을 이야기할 때 그것

156

에 대해 회의감을 표현하거나 반박하거나 부정하거나 뭔가를 고쳐주려고 해서는 안 된다. 예컨대 이런 식으로 말이다. "그래? 넌 원래 평소엔 그렇게 예민하지 않잖아." "직장동료들 때문에 그렇게 마음 상할 필요 없어." "그건 아무것도 아니야. 난 오늘 하루가 어땠는지 알아?" "그럴 땐 상사한테 대들어야지!" 그보다는 상대방의 상황과 감정에 적극적으로 고개를 끄덕여주는 데 초점을 두어야 한다. 감정에는 옳은 감정 틀린 감정이 없다. 누군가와 교감하고 싶다면, 당신이 그 사람 입장에서 생각하려고 애쓰고 있음을 그 사람이 느낄 수 있게 해야 한다.

또 한 가지 피해야 할 함정은 자신의 이야기로 상대방의 이야기를 눌러버리는 것이다. 힘든 하루를 보냈다고 하소연하는 친구 앞에서 당신의 하루가 얼마나 끔찍했는지 늘어놓는다면 그 친구와의 교감에 전혀 도움이 안 된다. 친구는 당신이 경쟁 심리가 발동했다고, 심지어 자신을 무시한다고 느낄 것이다. 자신의 말에는 눈곱만큼도 관심이 없다고 여길 수밖에 없다.

5. 서둘러 해결책을 제시하거나 조언을 하지 않는다

아마 이것이 가장 어려운 부분일 것이다. 충고를 하고 싶어서 입이 근질거릴 텐데 꾹 참아야 하니까 말이다. 이런 생각이 들지 모른다. "문제에 대한 간단한 해결책이 있다면? 만일 내가 지름길을 알려주면 아내가 꽉 막힌 도로에서 고생하지 않아도 되잖아. 그러면 짜증날 일도 없을 테고. 문제만 해결하면 되는 거 아냐?" 일리가 없는 말은 아니다. 하지만 포인트는 지름길 자체에 있는 것이 아니다. 서둘러 해결책을 알려주면 상대방과 유대감을 형성할 기회를 잃는 셈이다. 기억하자. '적극적으로 듣기'의 목적은 당장 문제를 해결하는 것이 아니라 그 사람의 감정에 공감하는 데 있다.

당신이 떠올린 해결책이나 조언을 아예 폐기하라는 얘기는 아니다. 대화 마지막에 또는 시간이 흐른 후에 꺼내놓아라. 일테면 이런 식으로 말한다. "운전하기가 정말 짜증나겠어. 게다가 날마다 다녀야 하는 길인데 말이야. 당신 얘기를 들었을 때 교통체증을 피할 방법이 있을지도 모른단 생각이 문득 들었어. 하지만 무슨 훈계나 잔소리처럼 들릴까 봐 약간 걱정이 되거든. 나중에 당신이 내

아이디어를 들어볼 마음이 생기면 그때 알려줘." 미묘한 차이를 알겠는가? 이 사람은 지금 무작정 끼어들어 조언을 던지는 대신에 '그 조언을 들을 마음이 있는지'를 아내에게 묻고 있다.

적극적으로 듣기도 연습이 필요하다. 상대방이 당신에게 소중한 사람일 때 더 어려울 수 있다. 빨리 뭔가 해결책부터 알려주어 그들이 부정적인 경험을 하지 않게 보호하고 싶기 때문이다. 나도 그 마음을 충분히 이해한다. 그것은 칭찬해줄 만한 생각이다. 하지만 그들을 보호하고 그들의 기분을 좋게 만드는 방법은, 먼저 그들의 감정에 고개를 끄덕여주고 당신이 그들의 말에 귀 기울인다는 느낌을 주는 것이다.

만일 상대방의 반응이 당신 마음에 들지 않는다면? 그가 말도 안 되는 소리를 하는 것 같다면? 그의 감정에 전혀 공감이 되지 않는다면? 그럴 땐 이 점을 떠올리자. 상대에겐 자신의 감정을 느낄 권리가 있다. 한 발짝 물러서서 이렇게 속으로 되뇌어라. "이 사람은 나와 다른 사람이야. 그러니까 느끼는 감정이 나와 다를 수 있어." 적극적인 듣기를 통해 교감을 형성할 때는 당신의 해석보다 상대방이 느끼는 감정을 더 중요하게 생각해야 한다.

적극적으로 듣기에는 상당한 집중력이 필요하다. 하지만 다행히 상대방의 문제를 해결할 방법을 찾느라 에너지를 소모할 필요는 없다. 해결책을 찾아 제시할 필요가 없다는 사실을 인식하면, 상대방이 느끼는 감정을 물어보기가 훨씬 수월해진다. 당신이 타인의 감정에 귀를 기울일수록 우울증 괴물의 에너지는 줄어든다. 요약하면 이렇다.

1. 상대방이 이야기하고 있을 때는 무조건 입을 다문다.

2. 기분과 감정에 귀를 기울인다.

3. 상대방의 감정을 잘 모르겠다면, "그럴 땐 기분이 어때요?" 라고 묻는다.

4. 그가 대답한 감정을 다시 반복해 말하며 확인한다.

5. 서둘러 해결책을 제시하거나 조언을 하지 않는다.

적극적으로 듣기 2단계
— 역설적 상황 만들기

상대방이 말을 마치고 나면, 그 감정에 대해 더 자세히 설명해달라고 요청하라. 예컨대 스트레스와 중압감을 느낀다고 말하는 사람에게 이렇게 묻는 것이다. "스트레스가 몹시 심한 것 같네요. 정말 힘들겠어요. 그런데 스트레스를 받을 때 구체적으로 어떤 기분이에요? 설명해줄 수 있어요?"

그런데 상대방이 당신에게 부정적인 감정(예컨대 슬픔이나 분노)을 느끼면서 그것이 당신 탓이라고 생각할 때는 그렇게 묻기가 쉽지 않다. 하지만 잘만 활용하면 이 질문은 극적으로 관계를 개선하는 시작이 될 수도 있다. 당신의 연인이나 배우자가 이렇게 말한다고 치자. "당신 때문에 짜증나서 미치겠어. 당신은 도무지 내 말을 들으려고 하질 않잖아." 이때 적극적인 듣기를 할 줄 아는 사람은 이렇게 대답할 것이다. "당신, 나한테 정말 화가 많이 난 것 같네. 솔직히 내가 좀 방어적이 되는 것 같아. 그래도 당신의 감정을 좀 더 자세히 말해줄래? 진심이야. 지금 당신의 기분을 자세히 알고 싶어."

처음엔 상대방이 다소 혼란스러울 수도 있다. 얼마만큼 화가 났느냐에 따라 다르긴 하지만, 상대방은 당신의 말에 어떻게 반응할지 망설일 것이다. 당신의 말이 진심인지 의심이 들거나 '지금 나를 갖고 노는 거야?' 하는 생각이 들 수도 있다. 어떻게 해야 당신의 물음이 얄팍한 말재간도 아니고 쓸데없이 진지한 척하면서 심리학자 흉내를 내는 것도 아니라는 것을 믿을까? 집중력을 잃지 말고 그 질문의 힘을 신뢰하면서(상대방과 진심으로 관계를 회복하고 싶다는 사실을 상기하라) 다시 이렇게 말하라. "당신이 그랬지, 짜증나서 미치겠다고. 내가 당신 말을 들으려 하질 않는 것 같다고. 당신 말이 맞아. 난 당신 말을 성의 없이 들을 때가 많았어. 하지만 지금은 똑같은 실수를 하고 싶지 않아. 당신이 나를 제대로 듣지 않는 사람이라고 느낀 채로 대화가 끝나버리는 걸 난 원치 않아. 약속할게. 내 입은 꼭 닫고 당신 말에만 귀를 기울일 거야. 그러니 당신의 감정에 대해 자세히 설명해줘."

적극적으로 듣기 2단계가 효과를 내는 비결은 상대방에게 역설적인 상황을 만들어내는 데 있다. 그의 화를 돋운 사람은 당신인데 바로 그 '당신'이 적극적으로 귀를 기울이면, 즉 자신의 화난 감정을 당신이 진심으로 이해해준다고 느끼면, 당신을 향한 부정적인 감정은 누그러지고 화는 잦아들게 되어 있다.

다친 마음을 달래고 유대감을 강화하는 열쇠는 문제를 속 시원하게 해결하는 행위가 아니라 바로 듣는 행위속에 있다. 그러니 입을 다물고 듣자. 해결책을 제시하겠다는 생각을 버리고 그냥 상대의 말에 귀를 기울이자. 누군가 했던 이런 유명한 말이 있다. "사람들은 상대가 한말을 거의 기억하지 못한다. 그들의 기억에 남는 것은 그사람과 대화하면서 느꼈던 기분이다."

적극적으로 듣기 2단계의 핵심은 아래와 같다.

1. 상대방이 당신에 대해 부정적인 감정을 표현할 때(예: "당신때문에 정말 화가 나.") 절대 그의 말을 끊고 끼어들지 않는다.

2. 상대방의 말이 끝나면, 당신도 약간 불안하고 방어적인 태

도가 되는 것 같다고 솔직히 고백하고 그의 감정을 더 자세히 알고 싶다고 말한다.

3. 자신의 감정을 설명하는 상대방의 말을 들으면서 천천히 호흡하려고 의식적으로 노력한다.

4. 상대방의 설명이 끝나면 그가 당신에 대해 느낀다고 말한 감정을 반복해 언급하면서 확인한다.

5. 상대방이 요구하지 않는 한 당신 자신을 변호하거나 뭔가 설명하려고 하지 않는다.

적극적으로 말하기
— 원하는 것을 요구하는 세련된 방법

'적극적으로 말하기'란 당신이 원하는 것을 직접적으로 요청하는 것을 뜻한다. 이렇게 하면 삶을 주도적으로 통제한다는 기분이 들기 때문에 우울증이 힘을 잃는다. 삶에 대한 통제감이 커지면 우울감은 줄어들게 되어 있다.

인간관계에서 원하는 뭔가가 있을 때, 당신은 원하는 것을 얻을 수 없는 무력한 존재라고 우울증은 끊임없이 설득한다. 그리고 그 설득에 넘어가 무력감이 커질수록 자연히 우울감도 깊어지는 것이다. 이렇듯 우울증은 타인과의 관계가 당신이 원하는 방향으로 되지는 않는다는 무력감, 당신에겐 아무런 힘도 주도권도 없다는 생각을 심는다.

이때 우울증이 쓰는 전술은 무엇일까? 바로 지나친 일반화다. 그러면 당신 머릿속에는 모호하고 큰 개념, 꿩

장히 중요하게 느껴지는 생각들이 계속 울리기 시작한다. "그 사람은 나를 존중하지 않아." "저 사람은 나에게 눈곱만큼도 관심이 없어." "그는 친구로서 나를 싫어하는 게 분명해." 이런 생각들 말이다. 이런 패턴에 사로잡혀 아주 사소한 부정적인 단서에는 집중하면서 긍정적인 경험이나 정보는 무시해 버린다.

그리고 우울증은 다음과 같은 미묘한 지점을 파고든다. '존중받는다'는 기분, 상대방이 나를 '좋아한다'는 기분, 나에게 '관심을 갖는다'는 기분은 우리 누구에게나 중요한 감정이다. 그런데 사실 이 단어들은 보편적인 방식으로 정확히 정의하기가 힘들다. 가령 내가 친구에게 "네가 나를 존중해줬으면 좋겠어."라고 말한다고 치자. 이때 '존중'이라는 단어 자체는 꽤나 모호만 말이라서 친구는 그 말을 나와 전혀 다르게 이해할 수도 있다. 왜 그럴까? 사전을 보면 '존중'이라는 단어의 정의가 나와 있지 않은가? 사실 이런 '크고 모호한 개념'들의 정의는 사전에만 의지할 수가 없다. 그것은 개인이 자라온 환경과 관련된다. 사람들은 저마다 다른 가정에서 자라기 때문에 살면서 하는 경험도 다르다. 그래서 '존중하다', '관심을 갖다',

'좋아하다' 같은 표현들의 의미도 저마다 다르게 이해한다. 심지어 같은 집에서 나고 자라면서 같은 애완동물과 놀며 생활한 형제자매들조차도 각자 삶의 경험은 다르며 그런 단어들에 대한 이해도 서로 다르다. 당신이 타인과의 관계에서 그런 모호한 단어를 사용할수록, 원하는 것을 얻지 못하고 결국에는 포기하는 일이 잦아질수록, 그런 모호한 개념 속에 나와 타인과의 관계를 방치할수록, 원하는 관계에 대한 좌절과 회의는 심해질 것이다.

하지만 적극적으로 말하기 기법을 활용하면 삶에 대한 통제감을 높이고 우울증의 힘을 약화시킬 수 있다. 아래 설명하는 4가지를 반드시 기억하길 바란다.

1. 추상적 개념을 구체적인 행동으로 바꾼다

'존중하다', '좋아하다', '관심을 갖다'처럼 크고 일반적인 개념으로 생각하는 대신 최대한 구체적이고 개별적인 행동의 관점에서 생각하는 것이 좋다. 모호한 개념을 구성하는 구체적인 행동들이 무엇일지 잘 생각해 보자. 즉 추상적 개념을 확인 가능한 행동으로 바꿔서 생각하는 것이다. 예를 들어 당신이 상사에게 존중받지 못한다는 기분이 든다면 이 점을 생각해 본다. "그가 나를 존중한다면 어떤 구체적인 행동을 할까?" 만약 답이 얼른 떠오르지 않는다면 질문을 뒤집어서 생각해보는 것도 효과적이다. 즉 "상대방이 나를 존중하지 않을 때 하는 행동은 무엇일까?"라고 자문해보는 것이다. 이때 "내 상사는 아침에 출근하면 나만 빼고 모든 직원들의 자리를 돌며 인사를 건네."라고 생각했다면, '존중한다'라는 모호하고 큰 개념을 구체적인 행동으로 바꾼 것이다. 다시 말해 당신이 원하는 것은 아침에 상사가 당신에게 인사를 건네는 것이다.

자, 그렇다면 이제 당신이 원하는 그것을 어떻게 얻을까? 제2단계로 넘어가도록 하자.

2. 사람들은 자신이 원하는 대로 행동한다

타인의 행동에 집착하는 것은 에너지 낭비일 뿐이다. 당신이 인간관계에서 원하는 것, 즉 구체적인 행동이 무엇인지를 알아내면, 우울증은 당신에겐 여전히 주도권이 없다는 것을 알리기 위해 그 다음 전술을 구사한다. 바로 엉뚱한 사람에게 에너지를 집중하게 만드는 것이다. 즉 우울증은 당신에게 상대방의 행동을 바꿔야 한다고 설득한다. 그러면서 동시에 당신 자신의 말과 행동을 바꾸는 건 외면하도록 유도한다.

상대방이 아니라 당신의 언행을 바꾸라는 말이 선뜻 이해되지 않을 수도 있다. 당신의 속마음이, 아직도 문제가 있는 쪽은 당신이 아니라 상대방이라고 말하고 있을 테니 말이다. 그런데 그것은 단언컨대 우울증의 목소리다. 당신이 무력감을 느끼게 만들려는 술책이다. 타인의 행동을 바꾸고 싶다는 생각에 집중할수록 당신이 원하는 것을 얻을 가능성은 줄어든다.

나의 바람대로 다른 사람의 행동이 바뀌지 않는 기본 원리는 이것이다. '우리가 타인의 행동을 바꾸는 것은 거의 불가능하다. 사람들은 어찌됐든 자신이 원하는 대로 행동하기 때문이다.' 나는 이것을 '심리학 제1원칙'이라고 부른다. 지금쯤 당신은 꽤 절망적인 기분일지도 모른다. 우울증이 원하는 대로 말이다.

3. 심리치료의 '최우선 지침'은 이것이다

'인간은 자신의 말과 행동을 바꿀 능력이 있으며 따라

서 결코 무력한 존재가 아니다.' 인간관계에서 원하는 것을 얻는 효과적인 열쇠는, 타인의 행동에 신경 쓰는 대신 작은 부분이라도 자기 자신의 행동을 바꿀 방법을 찾아내는 것이다. 내 뇌 안의 신경화학 작용을 변화시키는 것도 (타인이 아니라) 나의 행동이다. 대개의 경우 내가 하는 행동이 나의 우울감에 훨씬 더 큰 영향을 미친다. 상대에게서 원하는 것을 얻는지 여부와 상관없이 말이다.

고개를 갸웃했을지도 모르겠다. 대부분의 사람들은 남이 나를 더 존중해주고 더 친절하게 대해주면 기분이 좋아진다고 생각하기 때문이다. 그러나 우울증 환자의 경우 실제로 우울감을 변화시키는 것은 남들이 자신을 어떻게 생각하느냐가 아니라 '나 자신을 어떻게 생각하느냐'이다. 자신이 원하는 것을 분명히 인식하고 상대에게 구체적으로 요청할 줄 아는 사람이라고 스스로를 인식하기 시작하면 무력감과 우울감은 훨씬 줄어든다.

4. 당신이 원하는 것을 직접 정중하게 요청한다

핵심은 당신이 바라는 구체적인 행동을 직접 요청하되, "~해주시면 좋겠습니다." "~해주실 수 있나요?"처럼

'정중한 부탁'의 형식을 취하는 것이다. 이런 표현을 쓰면 당신의 말은 일방적인 요구가 아니라 의사를 묻는 부탁이 된다.

누구든지 일방적인 요구나 지시를 들으면 반감을 느끼기 마련이다. 뭔가를 억지로 해야 한다는 기분이 들면 상대방은 불쾌감을 느낄 것이고, 설령 그가 당신이 바라는 행동을 해준다고 해도 그의 불쾌감이나 화는 어떤 식으로든 표출될 것이다. 게다가 당신이 바라는 행동을 상대가 해주지 않는 경우엔 당신의 기분만 나빠지게 되고, 이는 더 큰 무력감과 우울감으로 이어진다.

원하는 바를 정중한 방식으로 요청하는 것은 곧 상대에게 선택권을 준다는 뜻이며 상대방 역시 그렇게 받아들인다. 만일 상대방이 요청을 들어주지 않는다 해도 그것은 그의 선택일 뿐이며 스스로를 자책할 필요가 없다.

이 네 번째 단계에서 명심할 것이 있다. 가장 중요한 사항이다. 결과에 상관없이 우리는 스스로를 판단하는 데 많은 에너지를 소비한다. 자기 자신을 '용기를 내서 원하는 것을 직접 표현할 줄 아는 사람'이라고 생각하는 경우와, '원하는 것을 요청할 줄 모르는 사람'이라고 생각하

171

는 경우는 스스로에 대한 감정과 자존감이 다를 수밖에 없다. 자아 개념과 우울감에 관한 한, 인간관계에서 원하는 것을 얻느냐 마느냐보다 우리가 자신을 어떻게 바라보느냐가 훨씬 더 중요하다.

상사가 아침에 자기한테만 인사를 건네지 않아서 존중받지 못한다고 느끼는 사례를 다시 생각해보자. 상사의 행동 자체에만 신경 쓰는 대신, 자신의 행동 일부를 바꾸면 상사로부터 원하는 행동을 얻을 가능성을 높일 수 있다. 일을 더 열심히 한다거나 아침에 더 일찍 출근하는 것을 말하는 게 아니다. 내가 말하는 행동 변화란 더 직접적인 것이다. 즉 자신이 바라는 바를 상사에게 직접 요청한다. 이를 테면 이런 식으로 말할 수 있다. "아침에 부장님께서 직원들 자리를 돌 때 제게도 와 주시면 감사하겠습니다. 물론 많이 바쁘신 것 잘 압니다. 하지만 그렇게 해주시면 우리가 같은 배를 탄 팀원이라는 기분이 들 겁니다. 그렇게 해주실 수 있나요?"

원하는 것을 직접적으로 요청하는 것은 간단하면서도 어려운 일이다. '내'가 바라는 구체적인 행동을 말하는 것이므로 간단한 일 같지만, 결코 만만치 않다. 반복하지만 우울증은 당신에게 주도권이 없다는 무력감을 심기 위해 갖은 수단을 동원한다. 그래서 타인의 행동에 집착하게 만드는 전술이 안 먹히고, 모호하고 큰 개념으로만 생각하게 만드는 전술도 실패하면, 또 다른 방법을 사용한다. 당신의 목소리를 조종하는 것이다. 즉 입을 다물고 아예 아무 말도 하지 않거나 목소리를 높여 고함을 지르라고 당신을 설득하기 시작한다. 입을 다무는 것 자체는 잘못된 행동이 아니다. 경우에 따라서는 목소리를 높이는 것이 적절한 때도 있다. 그러나 누군가에게 구체적인 행동을 요청하는 문제에서는 입을 다물면 아무것도 변하지 않는다. 가만히 있는 당신 마음을 알아서 읽어줄 사람은 없기 때문이다. 또 목소리를 높이는 것도 별로 효과가 없다. 당신이 의도했든 안 했든 목소리가 커지면 정중한 요청이 아니라 요구가 돼버리고, 그걸 듣는 상대방은 결국 불쾌함을 느끼게 된다. 가장 효과적인 방법은 당신이 바라는 바를 명확하고 정중하게 요청하는 것이다.

하지만 당신의 정중한 요청 역시 받아들여지지 않을 수 있다. "잠깐만! 이제껏 실컷 설명해놓고선 고작 하는 얘기가 그겁니까? 내가 바라는 걸 얻지 못할 수도 있다고

요?" 맞다, 그렇다. 상대방은 언제든 거절할 수 있다. 하지만 정말 중요한 것은 그의 대답이 아니라, 그 요청을 함으로써 사실상 당신이 무엇보다 바라던 상태를 얻는다는 것이다. 즉 우울감을 떨쳐내게 된다. 그리고 지나친 일반화도, 이분법적 사고도, 망상도 이전과는 달라진다. 문제가 해결되지 않을 수는 있지만 모호했던 것이 명확해지면서 문제는 단순해진다. 그리고 이제 이 '문제'는 나만 끙끙 앓는 문제가 아니다. '문제'라는 공은 내가 그 해결을 부탁한 사람에게 넘어갔다.

4+3 전략

바라는 것을 표현하기 시작하면, 스스로를 주변 사람이
나 세상과 관계를 맺고 소통하는 적극적인 사람이라 여
기게 된다. 아무것도 할 수 없다는 무력감이 줄어들고,
두렵고 망설여져서 원하는 것에 손을 뻗지 못하던 태도
도 개선된다. 설령 당신의 바람대로 상대방이 행동해주
지 않는다 해도 스스로에 대한 만족감은 상승한다. 결과
적으로 상대방의 행동과 상관없이 당신은 무언가를 얻는
셈이다.

　타인의 행동보다 중요한 것은 자신의 행동이다. 상대
방이 당신의 요청에 응해주느냐 그렇지 않느냐의 여부와
는 상관없다. 당신이 원하는 바를 직접 말하는 행동 자체
가 우울증의 에너지를 고갈시켜 우울감이 완화되고 스스
로에 대한 만족감은 높아진다.

앞으로 원하는 것이 있을 때는 적극적으로 말하기 기법을 활용하기 바란다. 더불어 아래 세 가지 지침을 잊지 않기 바란다.

1. 굴복하지 않는다!

당신의 목소리를 조종해서 입을 다물게 만들려는 우울증의 힘에 굴복하지 마라. 상대방은 가만히 있는 당신의 마음을 읽을 수 없다. 당신의 소극적 태도에서 우울증이 더 에너지를 얻을 뿐이다. 반대로 고함을 지르게 만들려는 힘에도 굴복하지 마라. 목소리가 높아지면 상대방은 불쾌감과 짜증을 느낀다. 이렇게 해서 상대가 당신의 뜻에 따라 움직인다고 해도 우울감은 해소되지 않는다.

2. 걱정하지 않는다!

만약 원하는 것을 요청했을 때 상대방에게 이기적으로 보일까 봐 걱정된다면 이 점을 기억하자. 정말로 이기적인 것은 상대방이 당신의 마음을 알아서 읽어주기를 기대하는 것이다.

3. 연습한다!

자꾸만 해봐야 한다. 원하는 바를 표현해야 그걸 얻을 가능성도 커지고 자신에 대한 만족감도 높아진다. 그런 요청을 해본 적이 별로 없어서 어색하고 자신감이 안 생긴다면 아주 사소하고 하찮은 것부터 시작하자. 예컨대 누군가와 함께 식사를 하는 도중 핫소스가 먹고 싶을 때 "제게 핫소스를 좀 건네주실 수 있을까요?"라고 말한다. 사소한 것부터 연습하면 나중에 더 큰 것을 요청할 때 더 자신감을 갖고 할 수 있다.

오늘의 연습

1. 당신이 바라는 어떤 추상적인 개념을 최대한 구체적인 행동으로 바꾼다. 예컨대 상대방에게 '태도 교정'이 필요하다고 말하는 것은 효과가 없다. 모호한 개념은 사람마다 다르게 이해하기 때문이다. 대신 이렇게 말한다. "화요일 저녁에는 그릇들을 식기세척기에 좀 넣어줄 수 있을까?"

2. 사람들은 어찌됐든 자신이 원하는 대로 행동한다. '왜 저렇게 행동할까?' 하고 자꾸 생각하면서 타인의 행동을 바꾸려고 애쓰는 것은 에너지 낭비다.

3. 인간은 자신의 말과 행동을 바꿀 능력이 있으며 따라서 결코 무력한 존재가 아니다. 심리치료의 최우선 지침을 기억하라.

4. 원하는 것을 정중하게 요청하자. 요구가 아니라 요청이므로 상대방에게는 거절할 권리가 있다는 사실도 잊지 말자.

티쿤 올람
― 이 세상은 당신이 필요하다!

샌프란시스코 금문교의 난간 옆에는 이런 문구가 붙어 있다. "이 다리에서 뛰어내리면 생명을 잃게 됩니다." 이 파란색 표지판은 절박한 상황에서 자살을 시도하는 사람을 막으려고 붙여둔 것이다.

나는 책을 쓰면서 이런 상상을 해봤다. 그 표지판 밑에 이 책을 가득 담은 투명 아크릴 상자를 비치해두면 어떨까? 마음 둘 곳 없는 외로움과 절박함에 그곳을 찾아간 누구라도 꺼내 읽을 수 있게 말이다. 그 누군가는 어쩌면 책 제목을 보고 코웃음을 칠지도 모르지만, 잠깐 걸음을 멈추고 책을 꺼내 펼쳤다가 바로 이 문장과 마주칠지도 모른다. "우울증은 거짓말쟁이다."

지금까지 우울증은 우울감을 악화시키는 일련의 행동들로 당신을 유혹해왔다. 그리고 지금은 삶에 희망이라곤 한 톨도 남아 있지 않다고, 괴로움에서 벗어날 유일한 길은 생을 끝내는 것이라고 속삭이고 있다.

'인생의 의미는 무엇일까?' '의미 있게 살려면 어떻게 살아야 할까?' 평소 나는 이 질문을 자주 생각한다. '삶의 의미란 이런 거죠!' 라는 식의 똑 부러지는 답을 낭신에게 줄 수는 없다. 하지만 내 경우엔 유대교의 '티쿤 올람(tikkun olam)'이라는 문구가 이 심오한 질문과 관련해 가슴에 깊이 남아 있다. 티쿤 올람은 '세상을 고치다'라는 뜻으로, 이 세상은 고장 나고 불완전한 곳이지만 우리가 더 나은 곳으로 변화시키려고 노력해야 하고 그럼으로써 삶에서 커다란 의미를 찾을 수 있다는 속뜻을 담고 있다. 여기에는 당신의 능력을 필요로 하는 사람들과 관계를 맺는 것도 포함된다. 나는 이 문구가 당신 앞에 의미 깊은 인생을 열어주는 열쇠가 될 수 있다고 생각한다.

당신을 유대교로 개종시키려는 것도 아니고, 이런 개념이 유대 사상에만 있는 독특한 것이라고 생각하지도 않는다. 내가 티쿤 올람을 소개하는 이유는 이 말에 생각해볼 만한 값진 뭔가가 들어 있기 때문이다. 특히 세상과 단절된 외로움을 느끼는 당신에게는 이 말이 더욱 필요하다.

금문교 위의 차가운 바람을 맞으며 난간 앞을 서성이
는 사람이든 쓸쓸한 방 안에서 TV 앞에 멍하니 누워 있는
사람이든, 똑같이 이 질문을 던져봐야 한다. 의미 깊은 인
생을 사는 방법이란 도대체 무엇일까?

이미 말했듯이 우울증은 한 개인의 자아를 잠식하는
정서적, 행동적, 신체적 증후군이다. 그리고 우울증의 대
표적 특징은 삶에 아무런 의미가 없다고 믿는 것이다. 우
울증은 당신이 사람들과 단절된 깊은 고립감을 느끼기
를, 점점 더 깊은 무력감에 빠지고 외로움에 시달리기를
간절히 바란다.

그래서 이 점을 기억해야 한다. 우울증은 당신을 사람
들과 떼어놓으려 하지만, 사실 부서지고 망가진 이 세상
은 당신의 능력을 절실히 필요로 한다. 불완전하고 문제
투성이인 이 세상은 당신이 적극적으로 나와 참여해주기
를 기다리고 있다.

이건 너무나도 역설적인 말이다. 그렇지 않은가? 지
금 당신은 견디기 힘든 괴로움에 빠져 있는데(어쩌면 다리 위
에서 뛰어내릴까 생각하고 있을지도 모른다), 나는 그런 당신에게 세상

이 당신을 필요로 한다고 강조하고 있으니 말이다. 이런 생각이 들기도 할 것이다. 고작 나 한 사람이 뭘 할 수 있겠어?

세상의 고통을 보여주는 끔찍한 통계자료는 한둘이 아니다. 하루에도 수많은 아이들이 굶주림으로 죽어가고, 몇 날 며칠씩 아무도 대화할 사람이 없어 외로움 때문에 죽는 사람들도 허다하다. 세상의 고통은 이루 말할 수 없이 극심하다. 이 세상은 곳곳이 고장 나 있다. 지구온난화, 해수면 상승 등 환경문제로 인한 재해와 트라우마, 동식물들의 대량 멸종 등등. 게다가 이것들은 세계가 직면한 문제들 중 극히 일부에 불과하다.

한 개인이 무엇을 할 수 있을까? 당신이 무엇을 할 수 있을까? 당신에게 꼭 맞는 답을 내가 알려주지는 못한다 해도, 스스로 답을 찾는 데 도움이 되는 세 가지는 말해줄 수 있다.

첫째, 우울증의 속삭임은 전부 거짓말임을 명심하라. 당신이 어디에 살고 있든 지금 당장 누군가의 손길이 필요한 일은 반드시 있고, 당신에게는 거기에 힘을 보탤 능력이 있다.

둘째, "고통 받는 사람들을 도와주려고 노력해봐야지."라고 용기 내어 생각하는 것은 당신을 절망감에서 끌어내는 아주 강력한 힘을 발휘한다.

셋째, 뭔가 행동하겠다고 결심하는 것만으로도(아무리 사소하고 하찮게 보이는 행동이라도) 그 어떤 방법보다 더 효과적으로 우울증의 에너지를 차단할 수 있다.

그리고 이 세 가지를 뛰어넘는 중요한 포인트는 바로 이것이다. 세상이 변화하든 그대로이든, 혹은 세상 사람들이 당신의 행동을 알아채든 모르든 상관없이 '당신'은 변하게 된다는 것이다. 당신은 삶에서 의미를 찾기 시작하고 까마득한 우울감에서 벗어날 수 있다.

그것뿐이 아니다. 세상으로 나가 뭔가 작은 행동이라도 시작하는 순간부터 당신은 더 이상 혼자가 아니다. 지역사회를 더 나은 곳으로 만드는 데 힘을 보태겠다고 결심하고 나면, 당신만의 고립된 작은 방 바깥으로 나가 똑같은 결심을 한 다른 사람들과 함께하게 된다.

그들 대부분은 전에 만나본 적이 없는 사람들일 것이다. 그들도 당신을 처음 보기는 마찬가지다. 하지만 용기 있게 세상에 나가기로, 타인을 돕는 아주 작은 행동을 하기로 마음먹는 순간 당신은 그 그룹에 꼭 필요한 구성원이 된다. 이렇게 새로운 관계, 새로운 인연 하나가 탄생한다. 설령 그들이 당신 이름을 모를지라도 당신은 서로를 '우리'라고 부르는 무리의 일원이 되는 것이다.

고장 난 세상을 조금이라도 고쳐보려고 노력하는 것, 이런 시도는 삶에 특별한 의미를 불어넣을 수 있다. 무의미함과 시커먼 절망으로 뒤덮였던 당신 삶의 색깔을 바꿀 수 있다. 그저 세상을 조금 더 좋게 변화시키는 데 작은 힘을 보태기만 하면, 스스로 힘과 주도권을 가졌다는 기분을 느끼게 된다. 우울증의 힘을 약화시키는 강력한 방법이다.

나를 보호한다는 것과 타인을 보호한다는 것
─ 어느 내담자의 사례

우리는 '보호하다'라는 말을 일종의 렌즈로 삼아 나 아닌 낯선 타인을 잠재적 위험인물로 간주하곤 한다. 타인을 잠재적 적군이 아닐까 하는 불안한 마음으로 대하면서 사는 것은 우울증의 기운을 북돋우는 행동이다. 따라서 나는 '보호하다'라는 단어에 대한 다른 관점을 제안하고 싶다. 만일 당신이 같은 동네나 도시에 사는 누군가를 돕는 행동을 하면 그것은 당신의 지역사회를 보호하는 데 힘을 보태는 것이다. 심리학자들은 이를 '친사회적 행동'이라고 부른다. 연구 결과에 따르면 이와 같은 친사회적 행동은 우리의 기분을 좋게 만드는 세로토닌 분비를 증가시킨다. 결과적으로 타인만 돕는 것이 아니라 당신을 우울증으로부터 보호해주기도 하는 것이다.

내가 만난 한 내담자의 사례다. 그의 우울증은 툭하면

화를 내고 특히 운전을 할 때 분노 조절을 못하는 증상으로 표출되곤 했다. 그의 직장은 집에서 차로 30분쯤 걸리는 거리였는데, 온갖 분노 조절 전략을 실천해보아도(예컨대 의식적으로 천천히 호흡하려고 애쓰면서 지금 가장 중요한 건 안전하게 회사에 도착하는 일뿐임을 계속 상기하기 같은) 아무 소용이 없었다. 회사 주차장에 도착할 즈음엔 매너가 엉망인 운전자들 때문에 씩씩대면서 시뻘게진 얼굴로 혈압이 올라가 있기 일쑤였다. 아침부터 이미 기분이 엉망인 상태로 하루를 시작해야 했다.

그는 그렇게 몇 년을 지냈다. 그러다 어느 추운 겨울 아침 출근길에서 배수로에 빠진 자동차를 발견했다. 그는 곧장 차를 세우고 그 운전자가 차에서 빠져나올 수 있게 도와주었다. 젊은 여성 운전자는 몹시 놀라고 당황했지만 다행히 다친 데는 없었고, 그는 고속도로 순찰대에 연락을 취한 뒤에 그녀를 가까운 편의점까지 태워다주었다. 그런데 편의점을 떠나면서 그에게 불현듯 이런 생각이 들었다고 한다. '곤경에 빠진 운전자들을 도울 수 있는 일이 있을까?' 그때부터 그는 '자동차 긴급출동 서비스 봉사자'가 되었다. 그는 점퍼 케이블과 손전등, 우산,

담요, 물통을 차 트렁크에 싣고 다니기 시작했다. 그리고 출근길에 도로를 유심히 살피면서 도움이 필요해 보이는 운전자들을 도왔다. 내가 점퍼 케이블을 실제로 몇 번이나 사용했느냐고 묻자, 그는 거의 사용한 적이 없다면서 그것은 중요한 게 아니라고 대답했다. 중요한 건 분노 조절을 못하던 그의 모습이 사라졌다는 점이었다. 이제 그는 스스로를 자신이 사는 지역사회를 보호하는 사람으로 보게 됐고, 다른 운전자들을 공격적인 타인이 아니라 그저 처음 만나는 이웃으로 대하게 됐다. 자신과 마찬가지로 그저 출근길에 오른 평범한 사람들의 모습이 비로소 그의 눈에 들어왔던 것이다.

그의 행동은 '이제부터 운전자들을 도와줘야지.'라고 마음먹고 비상 장비들을 싣고 다니는 데서 끝나지 않았다. 적십자사의 자원봉사자가 되어 전국을 돌아다니면서 비상대피소가 세워지는 곳이면 어디든 달려갔다. 허리케인 때문에 사람들이 불안에 떨 때도 그는 할 일이 있다는 생각에, 자신을 필요로 하는 곳이 있다는 생각에 오히려 힘이 솟았다. 그는 지역사회를 돕는 일에 직접 참여하면서 우울증의 힘이 약해졌다고 말했다.

사람들은 자신이 별로 필요 없는 존재라는 기분이 들 때 '살아서 뭐 하나?' 하는 생각을 하기도 한다. 당신의 배우자나 가족이 당신을 어떻게 생각하는지는 내가 알 수 없지만, 이것 하나는 분명하다. 당신이 사는 지역사회에는 당신이 꼭 필요하다. 지금 이 순간에도 당신의 지역사회에는 고통을 겪는 사람들이 있으며 그들에겐 당신의 손길이 필요하다. 사회복지사나 간호사나 돈이 아니라 바로 '당신'이 필요하다.

　내가 이렇게 자신 있게 말하는 근거는 무엇일까? 세상에서 가장 끔찍한 병은 외로움이기 때문이다. 외로움보다 더 잔인하고 파괴적인 병은 없다. 현대인들에게 외로움이란 존재의 그림자와 같다.

일종의 게릴라 전술

결국 우리를 무너트리는 것은 외로움이다. 하지만 우리는 결코 무력하지 않다. 낯선 타인의 삶과 함께함으로써 우리 뇌의 신경화학물질을 변화시킬 힘이 있다. 하지만 우울증은 여전히 이렇게 말할 것이다.

조심해! 사람들과 너무 가까워지지 마! 그들은 결국 너를 실망시킬 거야. 너에게 진심으로 관심을 갖는 사람은 아무도 없어.

내가 만난 또 다른 남성의 사례를 들려주겠다. 그는 해비타트 활동(Habitat for Humanity: 열악한 주거환경에 사는 사람들에게 집을 지어주는 활동을 하는 비영리단체)에 참여해 지역사회에 기여했다. 그는 IT 업계에 종사하다가 경제 위기 때 실직하고 말았다. 그리고 우울증에 빠져 집안에 틀어박혔다. 소파에 누워 하루 종일 게임만 하면서 간간이 여기저기 이력서를 넣었지만 별 소득이 없었다. 그렇게 지내던 어느 날 해비타트가 자신의 동네에서 주택을 짓는다는 광고를 보게 됐다. 이 단체에 대해 들어본 적은 있었지만 관계자에게 선뜻 연락하기가 망설여졌다. 해비타트는 기독교 단체인데 그는 교회에 다니지도 않았고 목수 일에도 문외한이었기 때문이다. 하지만 해비타트 웹사이트에서 자격 제한 없이 누구나 환영한다는 글을 읽었다. 일단 찾아가면 해야 할 일을 다른 자원봉사자들이 가르쳐준다는 것이었다. 그는 일주일에 두 번씩 원형 톱 작동법, 방의 틀을 잡는 방법, 벽에 석고보드를 대는 방법 같은 집짓기 관련 기초 기술을 교육받았다. 그리고 나중에는 IT 직종의 일자리도 구했다. 그는 취직 후에도 토요일마다 해비타트 자원봉사 활동에 참여했다. 이제는 집짓기 팀의 일원으로서 꼭 필요한 존재가 되었기 때문이다. 무엇보다 그는 자원봉사 활동을 하면서 우울감이 한층 줄었다고 했다.

적십자사와 해비타트는 규모가 큰 단체다. 그리고 이 책을 읽는 우울증 환자들 중에는 지역 봉사 단체에서 활동하는 것을 원치 않는 사람도 많을 것이다. 따라서 나는 다른 간단한 일을 제안하겠다. 당신을 감싼 우울감의 장막을 걷어낼 일종의 게릴라 전술 같은 것이다. 이것은 전적으로 당신 혼자서 할 수 있으면서도 지역사회를 보호하는 일도 된다. 비닐봉지를 하나 들고 밖에 나가서 거리의 쓰레기를 주워 담아라. 그리고 봉지가 어느 정도 차면 돌아오라. 아주 사소해 보이지만 이는 우울증에 정면 공격을 가하는 행동이다. 당신이 당신의 삶에 주도권을 갖고 행동하는 것이기 때문이다. 남들이 버린 쓰레기를 주우라고 아무도 시키지 않았음에도 자발적으로 하는 것이며, 당신의 그 의식적인 선택은 지역사회에 도움이 된다. 더 중요한 점은, 남을 도우려는 바로 그 행동이 뇌의 도파민과 옥시토신 분비량을 늘려 당신의 기분을 바꿔놓는다는 사실이다.

물론 쓰레기를 줍는다고 우울증이 하루아침에 사라지는 것은 아니다. 하지만 우울증의 힘은 분명히 전보다 약해진다. 그것은 우울감과 무력감에 더 이상 허우적거리지 않겠다고, 무가치한 존재라는 생각에 더는 굴복하지 않겠다고 선언하는 행동과 마찬가지다. 삶의 통제권을 되찾는 길이다.

그러나 당신 곁의 우울증은 길에서 쓰레기나 줍고 있으면 웃음거리가 될 거라면서 불안감을 자극해 당신을 막으려고 할 것이다. 만일 창피하지 않을까 하는 두려움이 너무 커서 실천하기가 망설여진다면 공원의 외진 곳을 택해도 좋다. 흙에 반쯤 묻힌 비닐봉지든, 나무 사이 버려진 조각이든, 어딜 가든 당신이 주울 쓰레기는 있다. 운이 좋으면 재활용할 만한 물건을 발견할 수도 있다. 당신만의 환경보호 운동을 시작하는 것이다.

말도 안 되는 바보 같은 조언이라는 생각이 드는가? 그런데 바로 그 말도 안 된다는 판단이 핵심이다. 이것이 효과가 있는 이유는 평범하지 않은 특이한 방법이기 때문이다. 우울증에서 벗어나려면, 즉 당신 뇌가 입은 상처를 고치기 위해서는 다소, '과감한 조치'가 필요하다.

게릴라 전술을 100퍼센트 활용하려면 당신이 하려는 행동을 가급적 주변 사람들에게 알리지 않는 것이 좋다. 아무에게도 말하지 않으면 더욱 좋다.

요약하면 이렇다. 문을 열고 밖으로 나가, 굳이 줍지 않아도 되는 쓰레기를 아무런 대가 없이 줍고, 당신이 한 행동을 아무에게도 말하지 않는다.

이상하게 들려도 무조건 해보길 바란다. 아무 이유도 따지지 말고 아무 보상도 바라지 말고 행동하자. 다른 누군가를 위해서가 아니라 바로 '나, 자신'을 위해서.

무기력의
늪에서
탈출하는 법

행동은 감정을 좌우한다. 몇 번이고 반복할 가치가 충분한 말이다. 당신의 행동은 당신의 감정을 좌우한다. 어째서일까? 행동이 뇌의 화학작용을 변화시키기 때문이다. 간단한 예를 들어보자. 당신은 도로에서 타이어가 펑크난 자동차를 우연히 마주쳤고, 차를 멈춰 그 운전사를 도와주기로 결심한다. 이때 당신이 느끼는 기분은, 곤경에 빠진 운전사를 향해 가운뎃손가락을 들어 보이면서 쌩하고 지나가버리는 경우와는 전혀 다르다. 우리가 매순간 내리는 선택은 우리의 감정에 커다란 영향을 미친다.

기분 조절에 관여하는 화학물질들은 뇌 안에서 그냥 아무렇게나 돌아다니는 것이 아니다. 그것들은 우리가 행동하는 방식에 따라 분비되고 활성화된다. 이는 곧 행동이 감정을 통제함을 의미한다. 물론 대부분의 우울증 환자는 그 반대라고 주장한다. 감정이 행동을 좌우한다고 믿는 것이다.

내 상담실에 찾아오는 이들도 툭하면 이렇게 말한다.

늘 짜증이 나서 사람들과 어울리기도 싫습니다. 끔찍하게 우울하고 나 자신이 쓰레기처럼 느껴지니까요.

심신이 한없이 처지고 울적해요. 그래서 술을 마시는 겁니다.

숨통이 트일 통로가 필요해요. 끔찍한 기분에서 벗어나야 한다고요.

이것은 모두 우울증이 하는 말이자, 명백한 거짓말이다. 우울증은 우울한 기분이 항상 행동을 통제한다는 믿음을 당신에게 주입시킨다. 행동이 감정에 긍정적인 영향을 줄 수 있다고는 생각하지 못하도록 말이다.

내가 이 책을 통해 당신에게 꼭 알려주고 싶은 것 중 하나는 뇌에 긍정적인 화학물질을 증가시키는 행동들이다. 과학 지식이 해박한 비판적인 독자라면 즉시 이렇게 지적할지도 모른다. 뇌의 신경전달물질들 그 자체를 '긍정적인' 또는 '부정적인' 것으로 양분할 수는 없다고 말이다. 일리가 있는 말이다. 그러나 내가 그런 표현을 사용하는 것은 어떤 전략을 설명하기 위해서이니 이 점을 알아주기 바란다.

어떤 행동은 기분을 더 좋게 만드는 데 도움이 되고, 어떤 행동은 더 심한 우울감을 초래한다. 당연히 우울증은 후자에 속하는 행동들로 당신을 유혹한다. 당신이 자신의 신체와 정신을 돌보고 사람들과의 관계를 다지게 해주는 행동을 하기로 '선택'하면 우울증은 힘을 잃기 시작한다.

그렇다면 우울증의 에너지를 빼앗는 행동은 무엇일까? 기분을 바꾸는 가장 직접적인 방법인 운동부터 살펴보자.

도파민, 세로토닌,
노르에피네프린,
엔도르핀

운동은 뇌의 화학물질을 긍정적인 방향으로 변화시킨다. 운 좋게도 크게 아픈 데 없이 움직일 수 있는 신체를 가졌다면 누구나 운동은 할 수 있다. 우울증과 관련해 운동의 목표는 매우 간단하다. 기분을 크게 끌어올리는 신경화학물질을 뇌에 더 많이 분비시키는 것이다. 우리의 목표는 멋진 근육을 만드는 것도, 살을 빼는 것도 아니다. 물론 그런 효과까지 거둔다면 금상첨화겠지만 그것들은 내가 운동을 권장하는 핵심 이유가 아니다.

몸을 활동적으로 움직이면 뇌에 도파민, 세로토닌, 노르에피네프린, 엔도르핀의 분비가 늘어난다. 이것들은 우리의 기분을 좌우하는 신경화학물질들로, 이 물질들이 많이 분비되면 기분이 좋다고 느끼게 된다. 분비량을 늘리는 방법은 어찌 보면 간단하다. 바로 심혈관계 활동을 증가시키는 것이다. 하루에 30~60분씩 운동을 하면 뇌에 '기분을 좋게 만드는' 신경화학물질이 늘어난다.

운동의 종류는 상관없다. 유산소 운동이기만 하면 된다. 다시 말해 평소보다 심장이 더 빨리 뛰면서 숨이 차고 땀이 나야 의미가 있다. 적어도 일주일에 4~5일, 하루에 30~60분씩 하는 것이 좋다. 달리기, 자전거, 수영, 축구, 야구 등 어떤 것이라도 좋다. 몸을 움직여 평소보다 심장을 빨리 뛰게 만들자. 나는 천천히 달리는 것을 적극 추천한다. 별다른 장비도 필요 없고 장소에 구애받지 않고 혼자서 할 수 있으며 실내 체육관을 이용한다면 날씨도 문제되지 않기 때문이다.

'일주일에 5일, 하루에 30분씩 천천히 달리기'. 사실 남에게 조언하기는 쉽지만 막상 본인이 실천하려면 쉽지 않다는 것을 나도 잘 안다. 많은 사람들이 특히 달리기를 할 엄두를 내지 못하는데, 내가 보기에 그건 날씨 탓도 아니고 적당한 운동화가 없어서도 아니다. 그보다는 '달리기가 정말로 싫어'라는 생각 때문이다. 그들은 '천천히 뛰기'의 묘미와 효과를 아직 깨닫지 못한 것뿐이다. 그들은 '모 아니면 도'라는 식으로, '고통이 없으면 얻는 것도 없다'라는 관점으로 생각한다. 그래서 한번 달리기 시작하면 구역질이 날 때까지 뛰고, 그러다 보니 애초에 달리기를 포기하게 된다.

하지만 어떤 한계점까지 스스로를 밀어붙일 필요가 전혀 없다. 그저 자신이 원하는 방식으로 뛰면 되고, 아주 천천히 뛰어도 상관없다. 천천히 뛰는 것과 빨리 뛰는 것, 이 두 가지 다 심혈관계 활동을 자극하며 뇌에 기분을 좋게 만드는 신경화학물질을 분비시킨다. 하지만 아주 천천히 달리는 것, 당신이 쉽고 편하게 느끼는 속도로 달리는 것에는 그것만의 장점이 있다. 바로 달리기에 대한 두려움과 거부감을 줄일 수 있다는 것이다. 그리고 전력질주가 아니라 한없이 느리게 뛰어도 된다고 생각하면 집 밖으로 나가 첫 걸음을 내딛기가 더 수월해진다. 일단 밖으로 나가는 것, 그것은 가장 어려운 단계인 동시에 결국에는 가장 중요한 단계다.

집밖으로 나가 첫 걸음을 떼는 의욕을 내는 데 도움이 되는 또 다른 방법은 '우울증이 땀을 두려워한다'는 사실을 상기하는 것이다. 우울증은 당신이 몸을 움직이는 것을 원치 않는다. 긍정적인 신경화학물질이 당신의 뇌에 만들어지는 것을 원치 않기 때문이다. 엔도르핀류 물질이 뇌에 늘어나면 우울증 괴물의 거대한 덩치가 줄어들기 시작한다. 동네를 한 바퀴 뛰면 갑자기 우울증이 낫는다거나, 달리기를 하면 무조건 러너스 하이(runner's high, 30분 이상 뛰었을 때 밀려오는 도취감)를 경험하게 된다는 얘기가 아니다. 하지만 한바탕 달린 후 샤워를 하고 나면 심신이 가뿐해지고 기분이 좋아지는 것을 실감할 것이다. 바로 그 기분(대개 달리고 난 후 6~8시간 동안 지속된다)이 우울증의 힘을 결정적으로 약화시킨다.

유전자
활성화하기

인간의 유전자 수는 약 2만 개다. 그러나 세포 내의 모든 유전자가 활동하는 것은 아니다. 식습관과 운동은 유전자를 활성화하거나 유전자 활동을 멈추게 할 수 있다. 유전자의 활성화 여부를 결정하는 과정을 '유전자 발현'이라고 한다. 유전자 발현은 유전자가 DNA에 저장된 정보를 이용해 단백질 등의 최종 산물을 만들어내는 일련의 과정이다. 단백질은 세로토닌 등 신경전달물질의 분비에 관여하는데, 이는 단백질이 긍정적인 기분을 만드는 데에 중요한 역할을 한다는 것을 의미한다.

운동은 7천 개 이상의 유전자에 직접적인 영향을 미칠 수 있다. 또한 정기적인 운동은 지방과 당의 저장에 관여하는 유전자의 활동을 변화시키는 것으로 드러났다. 다시 말해 규칙적인 운동은 체내에서 지방과 당이 훨씬 더 효과적으로 처리되도록 도움을 주는 것이다. 일주일에 단 2시간만 운동을 해도, 즉 하루 30분씩 일주일에 나흘만 유산소 운동을 해도 상당한 양의 유전자 활동에 영향을 미칠 수 있다.

요컨대 우리 몸에 있는 유전자의 30퍼센트 이상은 우리가 몸을 움직여 운동하느냐 마느냐에 따라 그 활동이 결정된다. 개개인의 유전자 구성은 부모에 의해 결정되지만, 그렇다고 해서 그 유전자들이 개인의 운명을 영구히 결정짓는 것은 아니다. 인간은 어떻게 행동하느냐에 따라 자신의 유전자 구성에 직접 영향을 미칠 수 있다. 만일 운동을 하기로 마음먹는다면 몸에 있는 유전자의 30퍼센트 이상을 활성화시킬 수 있다. 바꿔 말해, 당신은 당신 뇌의 신경화학 작용을 변화시킬 수 있는 힘을 갖고 있다.

그러므로 '우울한 기분을 바꾸기 위해 내가 할 수 있는 게 아무것도 없어'라는 생각이 든다면, 그것은 분명 우울증의 목소리에 설득당했기 때문이다. 결코 그렇지 않다는 것을 과학이 우리에게 보여주고 있다. 우울증은 당신이 이런 생각을 하면 당황한다. '운동하고 땀을 흘리면

내 유전자 구성의 3분의 1에 영향을 미칠 수 있어.' 잊지

말자. 땀을 흘리면 인생을 바꿀 수 있다.

오늘의 연습

종이에 이렇게 써서 욕실 거울에 붙여놓자.

1. 30분 동안 유산소 운동을 할 때마다 나는 몸속 유전자의 3

분의 1에 영향을 미치게 된다.

2. 운동은 뇌의 화학물질을 바꾼다!

3. 몸을 움직이면 우울감에서 벗어날 수 있다!

가벼운
인사

우울증을 당황하게 하는 또 다른 방법이 있다. 우울증은 당신이 다른 사람에게 먼저 친근한 태도를 보이는 것을 싫어한다. 아침 조깅 도중에(또는 산책이나 다른 활동을 하는 중에) 만나는 모든 사람에게 큰소리로 먼저 인사를 건네보자. 꼭 상대방의 따뜻한 반응을 이끌어내는 것이 목적은 아니다. 물론 상대방도 다정한 인사로 화답한다면 좋은 일이지만, 중요한 것은 당신이 먼저 말을 건넨다는 그 사실이다.

나는 아침마다 시골 도로에서 조깅을 한다. 내 옆을 쌩하고 지나가는 차들은 대부분 출근하는 사람들의 승용차들이다. 오랫동안 관찰해본 결과, 운전자의 약 80퍼센트는 지나가면서 나와의 간격을 충분히 두는 배려를 해주었지만, 나머지 20퍼센트는 그런 배려 없이 위협적으로 바로 옆을 스치듯 쌩하고 지나갔고, 그럴 때면 정말이지 짜증이 확 치밀었다. 평화로운 아침 조깅을 즐기러 나갔지만, 조깅하는 사람을 배려하지 않는 일부 운전자들 때문에 분노에 휩싸이곤 했다. 그리고 가끔은 무례한 자동차의 뒤꽁무니를 노려보면서 가운뎃손가락을 들어 보이는 것으로 소심한 복수를 했다.

그러던 어느 날 문득 이런 생각이 들었다. 평소 내담자들에게 건네는 충고를 나 역시 실천해보면 어떨까? 내가 '바꿀 수 없는 것'(운전자의 행동)에 집중하지 말고 '바꿀 수 있는 것'(나의 행동)에 집중해보는 것이다. 그래서 출근시간대 차량들과의 무의미한 전쟁을 끝내고 대신 아침 인사를 하며 달리는 사람이 되기로 결심했다. 조금 우스꽝스러운 소리처럼 들릴지도 모른다. 하지만 나는 정말로 실천했다. 그때부터는 내 옆을 지나가는 '모든 자동차'를 향해(나는 차를 마주보는 방향으로 달린다) 팔을 크게 흔들어 반갑게 인사를 건넸다. 운전자가 속도를 늦추든 말든, 내 존재를 인지하고 나와의 간격을 충분히 두든 말든, 나는 무조건 모든 운전자에게 손 인사를 건넸다.

그러자 두 가지 일이 일어났다. 하나는 대다수의 운전

자가 내게 손을 흔들어 답례하기 시작한 것이다. 나는 요즘도 손 인사를 하는데 거의 모든 운전자가 손을 흔들어 준다. 대부분 내게 고마워하는 것 같고, 경적을 빵빵 울리거나 전조등을 깜빡이는 것으로 인사를 대신하는 운전자도 많다. 무엇보다 중요한 변화는 내 기분이 훨씬 좋아지기 시작했다는 사실이다. 좀 이상하게 들릴지 몰라도, 내 힘을 되찾은 기분이 들면서 지역사회의 확실한 일원이 된 기분도 든다. 동네 사람들이 전부 내 이름을 불러주면서 인사하는 작은 동네의 골목길을 달리는 기분이랄까. 틀림없이 나를 별난 괴짜로 보는 운전자도 많을 것이다. 하지만 내 동생이 말했듯이 어느 동네에나 얼간이 하나쯤은 필요한 법이다. 물론 배려 없이 아슬아슬하게 옆으로 지나가는 운전자들은 여전히 있고 내 가운뎃손가락도 아직은 가끔 사용된다. 하지만 화가 나서 혼자 씩씩대는 것보다 손 인사를 건네는 전략이 나 자신을 위해서 훨씬 나은 것 같다.

오늘의 연습

1. 지금 밖으로 나가 15분 동안 빨리 걷기 산책을 해보자.

2. 엘리베이터나 골목에서 마주치는 사람에게 가벼운 인사

를 건네보자.

사람들과
함께 운동을 하면

우울증은 당신이 사람들과 함께 운동하는 것은 더 싫어한다. 듀크 대학의 제임스 블루멘털(James Blumenthal) 박사와 연구진은, 사람들과 함께 주 3회 최소 30분 이상씩 조깅하는 것이 약물 치료에 버금가는 치료 효과를 낸다는 사실을 밝혔다. 당신과 함께 천천히 달리기를 할 몇 사람을 찾아서 정기적으로 뛰어보라. 일주일에 한 번도 좋다. 실천하라. 그러면 당신 뇌의 신경화학 작용이 수천 달러를 들여 가장 좋은 항우울제를 복용하는 경우보다 더 긍정적인 방향으로 바뀔 것이다.

당연히 제약회사는 우울증 환자들에게 사람들과 함께 달리기를 하라고 권장하는 것만으로 돈을 벌기는 어려울 테지만 이는 과학적으로 입증된 사실이다. 달리기는 기분을 향상시켜주는 효과만 있는 것이 아니다. 심혈

관계, 호흡계, 신장, 간의 기능, 지방과 당의 체내 저장 및 대사 과정도 향상시킨다.

하지만 이 점은 기억하자. 만일 어떤 이유로든 천천히 달리기가 당신에게 맞지 않는다면 억지로 할 필요는 없다. 대신 당신에게 맞는 다른 유산소 운동을 찾길 바란다. 그리고 그 운동을 일주일에 5회, 하루에 최소 30분씩 하라.

오늘의 연습

1. 천천히 달리기를 함께 할 만한 사람을 두세 명 떠올려 그 이름을 적는다.

2. 그들에게 연락해 같이 달리자고 초대해본다.

3. 모두 참여할 수 있다면 좋겠지만, 그렇지 않다면 혼자서라도 밖으로 나가자.

4. 그들에게는 언제든지 동참해도 좋다고 말해놓는다.

잠은
치료의 시간

밤에 제대로 자는 것이 얼마나 중요한가에 대해 구구절
절 지루하게 설명하고 싶지는 않다. 당신은 너무도 간절
하게 숙면을 취하고 싶지만 우울증이 그걸 망치고 있다
는 걸 나도 잘 안다. 하지만 이것만은 반드시 짚어야겠다.
우울증이 숙면을 방해하기 위해 부추기는 행동들 말이
다. 그리고 우울증 치료를 위해서는 숙면 방법을 반드시
알아야 하므로, 잠의 질을 높이는 구체적인 몇 가지 팁도
알려줄 것이다.

　나는 앞에서 우울증을 진지하게 대해야 한다고 강조
했다. 아울러 당신은 충분한 수면의 필요성 역시 진지한
자세로 인정해야 한다. 수면의 질이 기분을 좌우하기 때
문이다. 사실 원치 않는 수면 부족은 거의 고문에 가깝다.
우울증은 당신이 스스로를 고문하게끔 자꾸만 유혹한다.

잠을 못 자게 방해하는 행동으로 유인하는 것이다.

우울증은 끊임없이 설득한다. 밤에 잠을 잘 자기 위해서 낮 동안의 행동까지 신경 쓸 필요는 없다고 말이다. 다음날 커피나 에너지음료를 마시면 되니까 밤에 자지 못한 길 걱정할 필요가 없다고 말이다. 부족한 잠은 주말에 보충하면 되므로 밤에 몇 시간을 자는지는 전혀 중요하지 않다고 속삭인다. 하지만 그건 하나같이 거짓말이다.

잠은 낮 동안의 기분을 좌우하는 열쇠다. 충분한 숙면을 취해야 다음 날 기분이 개운하다. 잠이 들면 뇌척수액이 뇌 내부를 빠르게 돌아다니면서 낮 동안에 쌓인 독소물질과 노폐물을 씻어낸다. 베타아밀로이드(beta-amyloid)가 대표적인 노폐물이다. 작은 단백질 조각들인 베타아밀로이드가 뇌 안에 쌓여 응집되면 찌꺼기를 형성해 뇌세포들 사이의 신호 전달을 차단한다. 이렇게 형성되는 플라크는 알츠하이머병을 유발하는 것으로 알려져 있다. 또한 우리가 자는 동안 뇌는 불필요한 세포들을 없애는 청소도 한다. 따라서 7~8시간 정도 푹 자서 뇌의 청소 시간을 확보해야만 다음날 맑은 기분을 느낄 수 있다.

대다수의 현대인들은 잠의 중요성을 잘 알고 있으면

서도 이런저런 이유로 잠을 쫓아내기 위한 카페인 음료를 마시곤 한다. 고백하건대 나도 커피를 무척 좋아한다. 요즘은 절제하고 있지만 사실 나는 커피 광이다. 젊은 시절 식당에서 일할 때는 하루에 커피 한 포트 분량을 마시곤 했고, 이를 자랑스러워하기까지 했다. 여느 남자들이 맥주를 마시는 것처럼 커피를 마셨다. 커피를 아주 입에 달고 살았다. 마치 알코올중독자가 맥주에 대해 말할 때처럼 나는 자랑스럽게 "에이, 이 정도쯤은 마셔도 아무렇지 않아."라고 말하곤 했다. 그러다 40대 초반에 심각한 수면 문제가 생기고 나서야 커피와 내 불면증이 서로 밀접하게 관련돼 있다는 사실을 깨달았다.

예전에 동료 한 명이 우리 동네에 찾아와서 만난 적이 있다. 오랜만에 만난 그에게 커피를 권했더니, 그는 괜찮다면서 커피를 끊었다고 대답했다. 놀랄 수밖에 없었다. 우리는 몇 년 전까지만 해도 늘 함께 앉아서 커피를 즐기는 사이였기 때문이다. 그는 커피를 끊으니 자신이 회사에서 아침 9시 회의 때 하품을 하지 않는 유일한 직원이 되었다고 덧붙였다.

나는 그 말의 의미가 즉시 이해됐다. 애초에 그를 피

곤하게 만든 범인이 바로 커피였던 것이다. 왜 그럴까? 나는 그 이유를 알기 위해 자료를 찾아보았다. 카페인에 중독되면 카페인이 몸속에 들어와야만 뇌가 제대로 깨어난다. 커피를 마시지 않으면 몸이 처지고 짜증이 나는 것은 카페인 중독의 증상이다. 그런데 사실 피로감과 짜증을 유발하는 원인은 커피 그 자체가 제공한다.

카페인은 뇌에 여러 가지 영향을 미치지만, 나는 그중에 특히 두 가지를 설명하고 싶다. 첫째, 카페인은 수면 사이클을 크게 교란한다. 마지막 커피를 마시고 약 12시간 후에 찾아오는 반동 효과 때문이다. 만일 오전 11시에 마지막 커피를 마시면 밤 11시쯤에는 커피를 마시기 전보다 더 피곤함을 느끼면서도 뇌 속을 돌아다니는 카페인 탓에 잠들기가 힘들어진다. 둘째, 마침내 잠이 든다 해도 카페인 때문에 수면 단계들이 방해를 받으므로 아침에 일어났을 때 충분한 숙면을 취하지 못한 상태가 된다. 따라서 아침부터 짜증과 피로감을 느끼게 되고, 이미 카페인에 중독된 뇌는 또 다시 카페인을 달라고 부르짖는다. 그러면 잠을 깨고 피로감을 덜어내기 위해 더 많은 카페인을 섭취하고, 이런 사이클은 계속 반복된다.

"커피 없이는 아침에 흐리멍덩한 상태를 벗어나기 힘든데, 어쩌라고? 커피는 우울증이랑 아무런 상관이 없어." 이것은 우울증이 주입하는 생각이다. 우울증은 당신이 섭취해 뇌로 들어가는 물질과 우울한 기분 사이에 아무 연관성이 없다고 당신을 설득한다. 오히려 알코올, 설탕, 지방과 마찬가지로 카페인 섭취와 우울감 해소 사이에도 긍정적인 연관성이 있다고 꼬드긴다.

그러나 이 점을 반드시 기억해야 한다. 카페인에 중독되면 짜증을 더 많이 느낄 수밖에 없다. 카페인 탓에 숙면을 못 취하면 뇌가 노폐물을 청소할 충분한 시간을 확보하지 못하고, 뇌에 노폐물이 쌓이면 우울한 기분으로 이어지기 때문이다.

물론 카페인이 모든 사람에게 동일한 효과를 내는 것은 아니다. 어떤 이들은 카페인 대사 속도가 빨라서 체외로 금세 빠져나가 수면 사이클에 부정적인 영향을 심각하게 받지 않을 수도 있다. 그러나 안타깝게도 나는 그 그룹에 속하지 않는 것 같다. 커피를 마시기 시작하면 여지없이 수면에 문제가 생긴다. 잘 생각해보자. 당신의 숙면을 방해하는 요인은 무엇인가? 아마도 당신의 수면 문제는 커피, 홍차, 탄산음료, 에너지음료 등을 통해 뇌로 흘러들어가는 카페인과 관계가 있을 것이다.

숙면으로 가는 첫 단계는 질 좋은 잠을 자는 것이 대단히 중요하다는 사실을 인지하는 것이다. 다시 말해 수면 문제를 진지한 자세로 대해야 한다. 그리고 잠드는 것을 도와주는 수면 전략들을 실천해야 한다. 잠자리에 들어도 잠이 오지 않아서 괴로운 경우든, 밤중에 자다 깨서 다시 잠들기 어려운 경우든 말이다. 이제부터는 뇌에 졸음을 유도하는 데 도움이 되는 구체적인 방법을 소개하겠다. 이 방법들을 마음에 확실히 새기기 위해 당신의 침실을 동굴이라고, 즉 선선하고 조용하고 어둡고 인공조명이 없는 공간이라고 상상하기 바란다.

질 좋은 잠을 위한
솔루션

1. 잠자리에 들기 1시간 30분 전부터는
TV나 여타 전자 기기 화면을 보지 않는다

TV와 온갖 전자 기기들(노트북 컴퓨터, 전자책 리더, 태블릿, 스마트폰 등)로 둘러싸인 현대인의 삶을 감안할 때, 매우 힘든 일이다. 기술 발전으로 전자 기기들은 빠르게 변화해왔지만, 우리 뇌의 수면 구조는 옛날이나 지금이나 똑같다. 우리가 졸음을 느껴 각성 상태에서 수면 단계로 넘어가는 것은 뇌 안의 송과선에서 멜라토닌이라는 호르몬을 분비하기 때문이다. 멜라토닌 분비량이 늘어나면 자연스럽게 졸린 기분을 느낀다. 하지만 전자 기기를 보고 있으면 화면의 빛이 눈을 통해 뇌로 들어와 시상하부를 자극한다. 그러면 시상하부에서 송과선에 멜라토닌 분비를 멈추라는 명령을 내리고, 졸음이 달아나게 된다. 때문에 잠자리에 들기 약 1시간 반 전부터 전자 기기를 보지 않는 것이 중요하다. 그래야 잠드는 데 필요한 물질이 뇌에서 원활하게 분비된다.

2. 당신의 동굴에 휴대폰을 갖고 들어가지 않는다

이것은 대단히 중요하다. 어떤 이들에게는 술이나 커피를 끊는 것보다 이게 더 어려울 수도 있다. 강력히 당부하건대, 침실에 휴대폰을 갖고 들어가지 마라. 문자 메시지, 이메일, 이런저런 알림 때문에 자다가 깨면 여지없이 숙면이 망가진다. 우울증을 앓고 있다면 당신의 휴대폰이 송과선의 활동을 방해하게 둬서는 안 된다.

3. 동굴을 선선하게 유지한다

체온이 약간 떨어져야 잠드는 데 도움이 된다. 체온을 효과적으로 떨어트리기 위해서는 침실 온도를 상쾌하고 선선하게 유지해야 한다. 체온을 낮추는 다른 몇 가지 방법은 다음과 같다. 잠자리에 들기 1시간 전에 따뜻한 물로 목욕을 한다. 목욕은 체온을 높이지만 욕조에서 나온 후에는 체온이 떨어지기 시작한다. 이는 송과선의 멜라토닌 분비를 자극해 졸음을 유도한다. 또 다른 방법은 양말을 신는 것이다. 발이 따뜻하면 심부 체온이 약간이나마 떨어져서 잠들기가 쉬워진다.

4. 동굴을 어둡게 만든다

침실을 최대한 어둡게 해야 한다. 아주 약한 빛도 멜라토닌 분비를 억제한다. 시계, 조명, 휴대폰을 비롯해 빛이 나오는 물건은 전부 방에서 없애는 것이 좋다. 만일 집밖의 불빛이 창문으로 들어온다면 암막 커튼을 단다. 잠자리 옆에 꼭 두고 자야 하는 물건에서 빛이 나온다면 그것도 가린다. 예컨대 알람시계에 수건을 덮어두거나 전자 불빛이 눈에 직접 들어오지 않게 다른 쪽으로 돌려놓는다.

5. 동굴을 조용하게 만든다

잠자는 공간을 최대한 조용하게 만들어야 한다. 나는 굉장히 잠귀가 밝다. 새끼고양이가 카펫을 지나가는 소리에 잠을 깰 정도다. 하지만 나름의 해결책을 찾아냈다. 침실을 더 조용한 공간으로 만들기 위해 백색소음기를 틀어놓는 것이다. 백색소음기에서 나오는 소리가 다른 주변 소음들을 가려준다. 백색소음기는 시중에서 쉽게 구매할 수 있다. 또는 스마트폰이나 태블릿에 백색소음 앱을 설치해서 쓰는 방법도 있다. 물론 전자 기기는 백색소음만을 위해서 사용해야 한다. 요즘 나는 밤마다 똑같은 앱을 사용하는데, 거기서 나오는 귀뚜라미 울음소리만 들으면 피곤해지면서 슬며시 졸음이 온다.

그밖에 숙면에 도움이 되는 다른 방법은 다음과 같다.

- 매일 땀을 흘린다.
- 하루에 적어도 10분 이상은 햇볕을 쬔다.
- 낮잠을 자지 않는다. 낮잠을 자면 뇌가 그날 필요한 노폐물 청소를 끝냈다고 착각해서, 밤에 자야 할 시간이 되어도 잠자기를 거부한다.
- 잠자리에 누워서 지루하고 재미없는 무언가를 읽는다.
- 날마다 같은 시간에 잠자리에 들고 같은 시간에 일어난다. 일찍 일어날수록 좋다. 밤에 잠을 설치면 아침에 알람이 울릴 때 일어나기가 당연히 힘들다. 새벽 3시 30분쯤 간신히 잠이 들

었다면 더욱 더 그럴 것이다. 하지만 그래도 알람 소리와 함께 일어나라. 매일 아침(물론 주말에도) 같은 시간에 일어나면, 우리 뇌는 밤에도 늘 비슷한 시간에 졸음이 오도록 훈련된다. 그러면 수면의 질을 높일 수 있다.

• 한밤중에 깨서 다시 잠들기가 힘들 때는 '점진적 근육 이완법'을 실행한다. 이는 온몸의 근육을 한 부분씩 차례로 긴장시켰다가 이완시키는 것이다. 어두운 방안에 누운 채로 두피를 3초간 긴장시킨 후 5초간 긴장을 풀면서 이완한다. 그 다음엔 이마 근육을 3초간 긴장시킨 후 5초간 이완시킨다. 눈, 뺨, 혀, 입, 턱, 목에 대해서도 각각 똑같이 한다. 얼굴의 각 부분을 3초간 긴장시켰다가 5초간 이완시킨다. 이런 식으로 몸 아래쪽으로 내려가면서 각 부분에 긴장과 이완을 실시한다. 발가락에 도착했는데도 여전히 말똥말똥하다면, 다시 위쪽으로 올라가 머리부터 똑같은 과정을 실시한다.

오늘의 연습

밤에 당신의 휴대폰을 따로 재울 동굴을 정하자. 욕실도 좋고 신발장도 괜찮다. 당신과 휴대폰이 각자의 동굴에서 자는 것이다. 자는 동안에는 휴대폰이 당신의 공간에 들어오지 못하게 하자.

수면제에
관하여

아마 이쯤 되면 수면제의 역할이 궁금할 것이다. 중증 우울증을 앓는 사람은 불면증이 있는지 여부를 비롯해 자신의 수면 상태에 관해 반드시 의사와 이야기를 나눠야 한다. 그리고 자신이 무가치하게 느껴지고 지독한 우울감에 시달린다는 사실 역시 반드시 말해야 한다. 의사를 찾아가서 불면증, 신체적 통증 등 자신이 겪는 이런저런 문제는 설명하면서도 죽을 만큼 우울하다는 얘기는 하지 않는 사람들이 너무나 많다. 의사가 당신에게 맞는 수면 보조제를 처방하려면 당신의 기분 상태에 대해 꼭 알아야 한다.

의사에게 처방받은 수면제이든, 직접 약국에서 구입한 수면유도제이든, 원칙적으로 단기간 사용해야 한다는 사실을 명심하길 바란다. 또한 이런 약물은 부작용이 있을 뿐만 아니라, 일부의 경우에는 오히려 우울증을 유발하거나 기존 우울증을 악화시킬 수도 있다. 이런 가능성에 대해 반드시 의사와 충분히 이야기를 나눠야 한다. 또한 이미 복용 중인 항우울제가 있다면 그것과 수면제의 상호작용에 대해서도 설명을 들어야 한다. 수면제 복용을 고려하기 전에 먼저 앞에서 설명한, 수면을 돕는 행동 전략을 활용해보기를 권한다. 이 전략들은 수면제 못지않은 효과를 낼 수 있고 장기적으로 활용해도 안전하다.

마지막 당부는 이것이다. 당신의 잠을 지금보다 훨씬 더 진지한 태도로 대하길 바란다. 스스로에게 반복해서 이렇게 말하자. "잠은 기분을 좌우하는 중요한 기초 요소야. 따라서 내 뇌 속 송과선의 멜라토닌 분비를 돕기 위해, 잠자리 들기 전 적어도 1시간 반 전부터는 모든 전자 기기를 꺼야지. 그래야 뇌가 졸음을 느낄 수 있어. 알코올이나 카페인처럼 수면 구조를 방해하는 물질도 섭취하지 않을 거야. 그래야 뇌가 잠자면서 노폐물을 청소할 수 있어."

정신과 의사를
만나기 전에
알아두면 좋은 것들

당신이 내 책을 읽어주어서 진심으로 기쁘다. 내가 쓴 글을 누군가 읽고 도움을 얻을지도 모른다고 생각하면 정말 기분이 좋다. 이런 류의 책은 개인이 스스로 실천해볼 수 있는 일련의 효과적인 방법을 알려주는 중요한 역할을 한다. 또 많은 이들에게 변화를 위한 좋은 출발점이 되기도 한다. 그러나 우울증이라는 폭풍에 사정없이 흔들리고 있는 사람에게는 책을 통해 얻는 유용한 팁 이상의 무언가가 필요하다. 심리치료를 통해 다른 사람과 깊고 지속적이며 긍정적인 관계를 맺을 필요가 있다는 얘기다.

심리치료는 우울증 개선을 위해 책보다 훨씬 더 깊은 지점까지 들어갈 수 있다. 내담자와 심리치료사가 서로 보조를 잘 맞춰서 걸어가기만 한다면 말이다. 조용한 방에 차분히 앉아 속마음을 털어놓으며 대화하는 것은 뇌의 신경화학 프로세스에 큰 변화를 가져온다.

이번 장에서는 우울증 치료를 위한 권고사항, 항우울제 복용과 관련해 생각해봐야 할 점, 심리치료 과정, 전문적인 상담에서 얻을 수 있는 것 등을 설명하겠다.

더 적극적인
치료를 위한 3가지 권고 사항

우울증 치료를 위한 더 적극적이고 효과적인 길을 묻는 사람들에게 나는 주저하지 않고 다음 세 가지 사항을 권고한다.

1. 당신에게 맞는 심리치료사와 만나기

먼저 심리치료사와 상담을 시작하기를 권고한다. 이때 내담자와 치료사가 서로 잘 맞는 것이 중요하다. 다시 말해, 당신 입장에서 볼 때 치료사가 진심을 다해 이야기를 들어주며 한 인간으로서 당신을 이해하려고 애쓴다는 느낌이 들어야 한다. 당신에게 맞는 심리치료사인지 아닌지, 믿고 속마음을 내보일 수 있는 사람인지 아닌지는 본능적으로 알 수 있다.

2. 약 복용과 관련해 정신과 의사와 상담하기

지속적인 개인 심리치료와 더불어, 약을 복용하는 것이 나은지에 관해 정신과 전문의와 상담하기를 권한다. 그리고 정신과 의사는 당신이 상담을 받는 심리치료사와 긴밀하게 협조해야 한다. 또한 당신을 단순히 병을 가진 환자가 아니라 고유한 인생 스토리가 있는 개인으로 볼 줄 아는 사람이어야 한다.

3. 상호작용이 동반되는 집단 심리치료에 참여하기

개인 심리치료 외에 집단 심리치료에도 참여하길 권하고 싶다. 집단 심리치료는 마음을 치유하는 효과적인 통로가 된다. 우울증을 앓는 사람에겐 특히 효과적이다. 상호작용이 이뤄지는 집단 상담 형태의 그룹에 참여하는 것도 좋겠다. 이는 동일한 소집단이 정기적으로 모여서 인간관계, 가족, 직장 등 각자의 생활에서 일어나는 일을 들려주며 함께 이야기를 나누는 것이다. 무엇보다 중요한 것은 이때 참가자들이 내면에서 느끼는 감정을 털어놓고 대화한다는 점이다. 같은 방에 둘러앉은 사람들에 대해 서로 알아가면서 진정성 있게 교감하는 시간은 정신의 치유를 돕는다. 또한 나는 천천히 달리기 동호회 같은 모임에 참여할 것을 강력히 추천한다. 당신이 동호회를 직접 만들면 더욱 좋다! 그러나 앞에 권고한 단계들을 먼저 거치는 것이 바람직하다.

항우울제를 복용할 때
주의할 것들

우울증은 한 사람 인생의 모든 면에 영향을 미치는 행동적, 정서적, 신체적 증후군이다. 우울증은 한 인간을 죽음으로까지 몰고 갈 수 있는 심각한 병이다. 실제로 많은 사람들이 우울증에 의한 자살로 생을 마감한다. 여기에 알코올과 여타 약물 중독, 자동차 사고에 미치는 영향까지 더해보면, 우울증으로 인한 문제가 얼마나 심각한 수준에 이르러 있는지 잘 알 수 있을 것이다. 따라서 항우울제의 복용 여부와 효과적인 복용법에 대해서도 진지하게 생각해봐야 한다.

이 점도 기억하길 바란다. 우리는 '생물학'과 '심리학'이라는 단어를 따로 만들어 사용하지만 사실 뇌 입장에서 볼 때 그 둘은 별 차이가 없다. 우리는 뇌에서 일어나는 일과 정신에서 일어나는 일을 연구하기 위한 방편으로 각각 생물학과 심리학이라는 범주를 만들었다. 그러나 이러한 구분은 인위적인 것이며, 그 둘을 가르는 기준도 계속 수정되고 있다.

우울증이 단순히 뇌 속 화학작용의 문제 때문에 발생하는지(즉 생물학적 문제인지), 아니면 당사자의 생각에 달린 문제인지는(즉 심리학적 문제인지) 간단하게 해결할 수 있는 질문이 아니다. 생물학적인 뇌와 심리학적인 정신은 끊임없이 상호작용하면서 서로를 변화시키기 때문이다.

우울증 약을 복용할지 말지 고려할 때 명심해야 할 또 한 가지는 대부분의 제약회사 광고가 과장되어 있다는 점이다. 대기업 마케팅이 으레 그렇듯 그들은 약의 긍정적인 면은 두드러지게 강조하고 부정적인 면은 줄여서 홍보한다. 세상에 행복을 가져다주는 약은 없다. 항우울제를 복용하든 안 하든 우리는 삶의 많은 문제들과 마주해야 한다. 약을 먹는다고 하루아침에 그 문제들이 사라지지는 않는다. 그리고 약은 우리에게 아무것도 가르쳐주지 않는다. 우리 앞에 놓인 수많은 삶의 문제들에 효과적으로 대처하는 방법은 약에서 얻을 수 없다. 그래서 심리치료가 존재하는 것이다.

물론 약이 쓸모없다는 얘기는 아니다. 항우울제는 우울증 환자들이 느끼는 극단적인 피로감이나 통증 같은 신체적 증상들 일부에 긍정적인 변화를 가져올 수 있다. 많은 우울증 환자들이 어깨에 무거운 돌덩이를 지고 사는 듯한 느낌이 줄었다거나, 깊이가 1미터쯤 되는 진흙탕 속을 힘겹게 걷는 기분이 사라졌다고 말한다. 약을 먹고 곧장 얼굴에 미소가 되살아나지는 않을지라도, 지독한 우울감이 완화되므로 약 복용과 관련된 불편함이나 부작용은 감수할 가치가 있다고 한다.

　많은 내담자들이 밝힌 또 다른 긍정적인 효과는 마음을 옥죄는 불안감이 줄어들었다는 것이었다. 약 복용 전에는 끔찍한 불안과 걱정에 시달렸지만, 약을 먹으면서부터는 불안감을 자신과 분리된 무언가로 느끼기 시작했고, 불안감과 약간의 거리를 두고 떨어져 있는 기분이라고 말했다. 불안감이 완전히 사라진 것은 아니지만 전에 비하면 숨통이 트이는 기분이라고 말이다. 부정적인 생각에만 함몰되는 대신 뭔가 해야 할 일을 떠올리고 움직이는 데에 도움이 된다고 했다.

치료 계획은
전문가와 내가 함께 세우는 것

나는 항우울제 복용을 고려하는 내담자들에게 우울증 치료 계획은 전문가와 환자 자신이 함께 세우는 것임을 가장 먼저 일깨우며, 다음 네 가지 사항을 꼭 조언한다.

1. 우울증 치료 경험이 풍부한 전문가를 만나야 한다

우울증 치료 경험이 별로 없거나 환자에 관한 지속적인 관찰과 치료에 전념하는 태도가 부족한 전문가로부터 부적절한 복용량을 처방받는 일이 발생해서는 안 된다. 우울증은 심각한 만성 질환이므로 지속적인 추적 관리가 매우 중요하다. 환자를 꾸준히 관찰해 항우울제가 어떤 영향을 미치는지를 파악하면서 필요에 따라 복용량을 조절해야 한다.

2. 항우울제 복약 일지를 쓴다

약을 먹는 행위에 있어 과학적인 관점으로 접근해야
한다. 항우울제 복용이 일종의 실험이고 자신은 그 연구
의 피험자라고 생각할 필요가 있다. 실험의 유일한 피험
자로서, 약 복용으로 얻는 긍정적인 면과 부정적인 면을
꾸준히 기록해야 한다. 모든 약은 신체 전반의 시스템에
영향을 미치게 되어 있으며 그것 자체가 문제는 아니다.
그러나 긍정적인 효과가 잠재적인 부작용보다 더 큰지
판단해야 한다. 그러므로 약 복용 일지를 쓰면서 긍정적
인 것이든 부정적인 것이든 심신에 나타나는 모든 변화
를 빠짐없이 기록하도록 하자.

3. 수면의 양과 질을 꼼꼼하게 체크한다

약을 처방해주는 의사와 평소 수면의 질에 대해 이야
기를 나눠야 한다. 일부 수면 보조제는 장기 복용하면 오
히려 더 많은 문제를 일으키기도 하지만, 일부 약품은 단
기적으로 수면의 질을 높이는 데 도움이 된다. 당신에게
어떤 약이 효과적이며 그 이유가 무엇인지 의사와 충분
히 상의하길 바란다. 기억하자. 숙면은 당신의 기분을 좌

우하는 핵심 포인트다.

4. 지켜본다.

나 자신을 지켜보고 나의 우울증을 지켜본다

항우울제가 즉각 효과를 내지는 않는다는 점을 기억해야 한다. 항우울제는 일종의 비료라고 생각하자. 정원에 비료를 주면 당장 변화가 보이진 않지만 4~6주쯤 지나면 식물들이 더 잘 자란 것을 확인할 수 있다. 항우울제도 마찬가지다. 항우울제가 별로 도움이 안 되는 것처럼 느껴져도 우울증과의 싸움에서 성급하게 패배를 선언해서는 안 된다. 현재의 정신의학은 각각의 개인에게 어떤 항우울제가 가장 확실한 효과가 있는지 정확히 특정하지 못하지만, 유전학과 약학 분야의 지속적인 연구가 그 답을 찾기 위해 노력 중이다. 정신의학계의 연구는, 환자가 처방약을 복용하면서 의사와 꾸준히 상담을 이어가면(여러 종류의 항우울제를 써봐야 할 수도 있다) 환자에게 최적인 약을 찾을 가능성이 높다는 것을 보여주고 있다.

인내를 가져야 한다. 지켜보라. 당신을 지켜보고 당신의 우울증을 지켜보라. 그리고 당신과 전문가가 함께 세운 치료 계획을 착실히 수행하라. 그렇게 계획을 따르다 보면 반드시 우울증을 이겨낼 수 있다.

심리치료사와의
대화

심리치료는 과학이자 일종의 예술이며 각 치료사는 자신이 가장 효과적이라고 생각하는 상담 방식을 활용한다. 여기서는 평소 내가 심리치료에서 쓰는 방식, 그리고 반드시 지키는 윤리 규칙을 소개하겠다.

비밀 유지의 의무와 예외

나는 내담자를 만나면 가장 먼저 비밀 유지 원칙에 대해 자세히 설명한다. 어떤 우울증 환자들은 심리치료사가 자신의 개인적 이야기를 비밀로 지켜주지 않으면 어쩌나 하는 걱정 때문에 상담 받기를 꺼린다. 또 마음속에 있는 생각을 전부 털어놓으면 심리치료사가 자신을 미쳤다고 생각하고 정신병원에 입원시킬까 봐 걱정한다. 상담 내용을 자신의 부인이나 애인, 가족, 직장상사에게 말할까 봐 불안해하는 경우도 있다. 나는 그들의 이런 불안감을 십분 이해한다. 나와 내담자 사이의 비밀 유지는 굉장히 중요하며 '의사-환자 비밀유지 특권'에 의해 법적인 보호를 받는다. 상담실에서 오간 이야기는 제3자에게 발설할 수 없다. 이는 전문 자격을 지닌 심리치료사라면 누구에게나 해당된다.

내게는 내담자의 프라이버시를 보호할 법적, 윤리적 책임이 있으며 나는 이것을 굉장히 중요하게 생각한다. 내담자의 배우자나 부모, 자녀 또는 직장상사에게서 연락이 오는 경우, 나는 이를테면 CIA 요원처럼 응수한다. 즉 상대방이 언급하는 사람을 내가 안다는 사실에 대해 긍정도 부정도 하지 않는다. 제3자에게 내담자에 관해 이야기하는 것은 해당 내담자가 그래도 좋다는 서면 동의를 한 경우에만 허용되는 일이다. 그리고 이 경우 내가 제3자와 나눈 이야기를 전부 내담자에게 알린다.

심리치료사와 내담자의 대화 내용은 법에 의해 보호를 받지만, 몇몇 경우에는 비밀 유지 규칙을 깨도록 법에서 명시하고 있다. 내담자가 멀지 않은 미래에 자살할 생각이 있다고 말하는 경우가 그렇다. 만일 내담자가 자살할 계획을 말하면 나는 비밀 유지 규칙을 무시하고 그를 병원에 입원시키기 위해 최선을 다한다. 여기서 중요한 점이 있다. '실행할 의도가 있는 임박한 자살 계획'을 알게 되는 것과, 죽음이나 자살을 자주 떠올린다든가, 내일 아침에 깨어나든 말든 상관없다고 하는 내담자의 말을 듣는 것과는 완전히 다르다는 사실이다. 앞에서도 말했듯 자살에 대한 생각은 중증 우울증의 매우 흔한 증상이다. 만일 내담자가 죽음에 대해 자주 생각한다고 말하면, 나는 충분한 대화를 통해 그가 자살용 약물이나 도구 등을 구할 수 있는 상황인지, 그리고 나와 대화하는 동안 얼마나 안정감을 느끼는지 파악하려고 애쓴다. 내담자가 안정감을 느끼고 있고 자살을 실행에 옮길 의도가 없다면 심리치료를 계속 진행할 수 있다.

다시 강조하지만, 자살에 대해 생각한다고 말하는 것과 자살을 할 계획이 있다고 말하는 것은 완전히 다르다. 그러니 내담자는 '자살'이라는 단어를 입 밖으로 꺼냈다는 이유만으로 심리치료사가 자신을 정신과 병동에 가두게 될까 봐 걱정할 필요는 없다.

또한 내담자가 현재 겪고 있거나 목격한 가정 폭력, 또는 아동이나 장애인, 노인 학대에 대해 이야기하는 경우에도 비밀 유지 규칙이 적용되지 않는다. 이 경우 나는 관련 기관에 즉시 연락해야 한다. 내담자가 다른 누군가를 해칠 계획을 말한 경우에도 나는 그 사실을 외부에 알릴 의무가 있다. 이 역시 내담자가 누군가에 대해 강한 분노를 느낀다고 말하는 경우와는 완전히 다르다. "그 개자식한테 이렇게 해주고 싶어요."라고 말한다면 분노의 감정을 터뜨리는 것뿐이다. 하지만 특정 개인을 다치게 하거나 죽일 구체적인 계획을 밝히는 경우, 경찰에 연락하고 표적이 된 개인에게 조심하라고 알릴 법적 의무가 나에게는 있다.

심리 상담의 두 가지 초점

비밀 유지 원칙을 설명한 후에는 두 가지에 초점을 맞춰 상담을 진행한다. 하나는 내담자로부터 최대한 많은 정보를 얻어 그를 파악하는 것이고, 또 하나는 그와 최대한의 교감을 형성하는 것이다. 나를 찾아온 이유가 무엇이고 어떤 증상을 겪고 있는지가 무엇보다 궁금하지만, 우선은 내담자가 살아온 인생과 관련된 질문부터 시작한다. 즉 어디서 어린 시절을 보냈는지, 형제자매가 있는지, 가족들이 함께 살고 있는지 등등을 묻는다. 그리고 사귀는 사람이 있는지, 만일 그렇다면 그 사람과의 관계는 어떤지도 물어본다. 가깝게 지내는 사람들에 대해서도 질문한다. 내담자에게 소중하고 의미 있는 사람이 누구인지, 자신을 응원해주고 있다고 느끼는 사람이 누구인지 같은 것들 말이다. 생활 전반의 세부적인 정보를 알면 내담자의 증상을 이해하는 데 큰 도움이 된다.

심리치료사를 바꾸게 되어 나를 새로 찾아온 내담자에게는 그의 직감에 귀를 기울이라고 말한다. 다시 말해, 나와 두세 번 상담을 해본 후 "이 심리치료사는 내가 마음을 툭 터놓고 신뢰할 수 있는 사람처럼 느껴지는가?"라는 질문을 스스로에게 던져보라고 한다. 그 답이 '예스'라면 자신에게 맞는 전문가를 찾은 것이다.

내담자가 뭔가 불편한 기분을 느낀다면 그 사실을 다음 상담 때 솔직히 말하는 것이 좋다. 심리치료사는 오랜 훈련을 거친 전문가이므로 그런 상황도 충분히 예상하고 대처할 수 있어야 한다. 대부분의 심리치료사는 새로 방문한 내담자가 자신의 감정을 솔직히 말하는 것을 좋아한다. 만일 자신이 당신과 잘 맞지 않는 심리치료사라고 느끼면 당신이 더 잘 맞는 다른 치료사를 만날 수 있도록 도와주기도 한다.

교감이 이루어지는 심리치료사를 만났다면, 심리치료에는 시간이 걸린다는 점을 염두에 두고 여유를 가져야 한다. 당신의 문제들은 어제 갑자기 생긴 것도 아니고, 내일 당장 사라지게 할 수도 없다. 일단 시작했다면 조금 시간이 걸려도 꾸준히 심리치료를 받기를 권한다. 스스로에게 더 많은 시간을 투자할수록 당신 인생이 바뀔 가능성도 높아진다.

심리치료는 자신의 감정에 대해 이야기하는 시간이다. 당신의 우울증은 방금 이 문장을 읽고서 틀림없이 당신 귀에 속삭일 것이다. "그렇게 쉽게 자기감정을 떠벌리는 건 경솔한 짓이야." 내 경험에 비추어볼 때, 과묵하고 강해 보이는 사람들일수록 외로움과 우울감을 숨기고 속으로 앓는 경우가 많다. 사실 많은 우울증 환자들이 자신의 감정과 괴로움을 타인에게 터놓는 것은 나약한 행동이라고 여긴다. 그리고 얘기 한번 한다고 뭐 그리 달라지 겠냐며 심리치료를 꺼린다. 하지만 결코 그렇지 않다. 감정을 솔직하게 이야기함으로써 더 강한 사람이 될 수 있다. 그리고 자신에게 진심 어린 관심을 갖고 귀 기울여주는 누군가와 대화하는 일은 당신의 뇌와 마음에 변화를 일으킨다.

당신은 더 나은 삶을 살 수 있습니다!

이 책을 읽고 나서 이것 하나는 약속했으면 좋겠다.

나는 내 우울증의 에너지를 뺏기 위한 행동을 꾸준히 실천할
것이다.

나는 내담자들에게도 꼭 당부한다. 내년이나 다음 달,
또는 내일 무엇을 할지 생각하는 건 부질없다. 중요한 건
오직 오늘 무엇을 할지 생각하고 실행하는 것이다. 당신
은 '지금' 어떤 행동을 할 것인가?

매일 아침 일어나 하루를 시작할 때 이 질문을 던져
라. 종이에 써서 욕실 거울에 붙여놓는 것도 좋은 방법이
다. "오늘 나는 우울증의 힘을 빼앗기 위해 무엇을 할 것
인가?" 아무리 기분이 엉망이고 컨디션이 안 좋아도 생

각하라. "오늘 나는 우울증의 힘을 빼앗기 위해 무엇을 할 것인가?" 간단하고 구체적인 행동일수록 효과가 크다. 우울증은 당신이 거창한 계획을 세우기를 원할 것이다. "올해에 난 더 나은 사람이 될 거야." "멋진 몸매를 만들 거야." 같은 크고 야심찬 새해 다짐처럼 말이다. 막연하고 포괄적인 개념을 목표로 삼으면 실천하기가 쉽지 않기 때문이다. 게다가 처음에 잠깐 시도하다가 포기해 버리면 훨씬 더 우울해진다.

그러니 먼 미래가 아니라 바로 지금 현재에 집중해야 한다. 그래야 우울증의 힘을 뺏을 수 있다. 잊지 말자. '간단하고 구체적인 행동일수록 효과가 크다.'

■ ■ ■

너무 우울하고 무기력해서 손가락조차 까닥하기 싫은 기분이라면 어떻게 해야 할까? 그럴 땐 하얀 종이를 펼쳐 놓고, 종이 위에 당신의 우울증을 글로 표현해보자. 단어도 좋고, 짧은 문장도 좋다. 즉 얼마만큼, 어떻게 우울한지 적어보는 것이다. 예컨대 다음과 같이 하면 된다.

지금 나는 기분이 엉망진창이야. 아무것도 하기 싫어. 이 책도 순 헛소리 같아. 의욕이라곤 눈곱만큼도 없어. 처참한 기분이야. 이런 생각을 하는 것조차 지긋지긋하고 피곤해.

한 단어 한 단어, 한 문장 한 문장 써 내려가면서 우울증의 정체를 알아갈수록 우울증의 힘을 빼앗게 된다.

곧장 기분이 나아지진 않더라도 이런 과정은 꽤나 큰 의미가 있다. 그것은 마치 가스 토치로 거대한 빙산의 한 구석을 녹이기 시작하는 것과 같다. 멈추지 않고 계속 토치를 대고 있으면 결국 빙산은 허물어지게 되어 있다.

현재의 기분을 그림으로 그려보는 것도 좋다. 종이 위에서 손이 움직일 때마다 당신은 우울증이 바라는 것, 즉 아무것도 하지 않는 무기력한 산송장이 되는 것과 정반대 방향으로 나아가게 된다. 당신은 우울증이 원치 않는 것을 해야 한다. 다시 말해 움직여야 한다.

■ ■ ■

책의 끝부분에 이른 지금, 우울증은 여전히 당신 곁에 찰

싹 붙어 한껏 냉소적인 목소리로 당신에게 속삭이고 있을 것이다. "이딴 책은 다 쓰레기라고 말했지. 이 자는 네 상황에 대해 아무것도 몰라. 네 문제에 관해 쥐뿔도 모른다고. 네가 겪고 있는 문제들이 어떤 건지 그는 상상도 못할 거야. 너는 그 문제들을 절대 해결할 수 없어. 어떤 사람들은 이 책에서 도움을 얻을지도 모르지. 하지만 넌 절대 아냐."

우울증은 당신이 끝 모를 무력감에 시달리기를, 절망만 있는 생지옥 같은 삶을 지속하기를 바란다. 아무것도 하지 않고 희망 없는 삶을 살기를 바란다. 그리고 결국에는 당신이 사라져 버리기를 바란다.

기억하자. 우울증이 하는 말은 거짓이다.

당신은 우울증에 걸렸을 뿐, 당신이 우울증은 아니다!

■ ■ ■

나는 당신을 만난 적이 없다. 그러나 당신에 대해 이것만은 자신 있게 말할 수 있다. 당신은 우울증보다 더 강하고 용감하다. 당신 내면의 자아는 분명히 우울감에서 벗어

나고 싶어 한다. 그렇지 않다면 지금 이 책을 왜 읽고 있
겠는가?

　당신 내면의 자아는 우울증보다 더 강인하다. 이것이
야말로 세상에서 가장 확실한 사실이다. 당신에게는 뇌
안의 신경화학물질을 변화시킬 수 있는 힘이 있다. 그러
니 작고 사소한 행동부터 바꾸도록 하자. 우울증에서 탈
출하고 싶어 하는 내면의 자아를 깨워서 냉소적인 목소
리를 밀쳐내도록 하자. 첫걸음이 가장 중요하다. 한 번만
하자! 딱 한 번만 시작하자! 그 순간 당신은 지독한 우울
의 늪에서 탈출하는 사다리에 올라서게 된다.

감사의 글

이 책을 쓸 수 있었던 것은 곁에서 마르지 않는 지지와 격려를 보내준 아내 에이미(Amy) 덕분이다. 그녀는 기품 있는 강인함과 인내심과 다정함의 화신이다. 그녀의 사랑은 끝없이 나를 놀라게 한다. 또한 항상 내 마음속 한 자리를 차지하고 있는 친구들과 가족들에게 감사하고 싶다. 그들의 변함없는 응원을 늘 가슴 깊이 느끼고 있다. 특히 사려 깊은 조언을 아끼지 않은 랠프 하디(Ralph Hardy)와 리처드 골드버그(Richard Goldberg), 스티븐 잉그램(Stephen Ingram)에게 고마움을 전한다. 아울러 칼렙 벡위스(Caleb Beckwith)에게 감사하다. 선견지명을 지닌 그의 편집과 관련된 조언은 나의 생각과 글 사이에 존재하는 간극을 지우는 데 큰 도움이 되었다.

추천 도서 및 웹사이트

Burns, D. D. 1980. Feeling Good: The New Mood Therapy. NewYork: HarperCollins.

Burns, D. D. 1990. The Feeling Good Handbook. New York: Plume.

McGonigal, K. 2015. The Upside of Stress: Why Stress Is Good for You, and How to Get Good at It. New York: Avery.

Real, T. 1997. I Don't Want to Talk About It: Overcoming the Secret Legacy of Male Depression. New York: Scribner.

Alcoholics Anonymous, http://www.aa.org

Narcotics Anonymous, https://www.na.org

National Suicide Prevention Lifeline, http://www.suicidepreventionlifeline. org

https://www.youtube.com (Search for "human kindness" and watch the videos that come up.)

참고문헌

AACC (American Association for Clinical Chemistry). 2015. "Any Dose of Alcohol Combined with Cannabis Significantly Increases Levels of THC in Blood." ScienceDaily. May 27, 2015. www.sciencedaily.com/releases/2015/05/150527112728.htm.

AAS (American Association of Suicidology). 2014. "Depression and Suicide Risk." https://www.suicidology.org/portals/14/docs/resources/factsheets/2011/depressionsuicide2014.pdf.

APA (American Psychiatric Association). 2000. Diagnostic and Statistical Manual of Mental Disorders. 4th ed. Rev. Washington, DC: APA.

Attenborough, W. 2014. Churchill and the 'Black Dog' of Depression: Reassessing the Biographical Evidence of Psychological Disorder. Palgrave Macmillan.

Avena, N. M., P. Rada, and B. G. Hoebel. 2008. "Evidence for Sugar Addiction: Behavioral and Neurochemical Effects of Intermittent, Excessive Sugar Intake." Neuroscience and Biobehavioral Reviews 32 (1): 20–39.

Awopetu, A.R. 2014. "A Review of the Physiological Effects of Exercise Duration and Intensity During Walking and Jogging.

Journal of Emerging Trends in Educational Research and Policy Studies 5 (6): 660–667.

Banerjee, N. 2014. "Neurotransmitters in Alcoholism: A Review of Neurobiological and Genetic Studies." Indian Journal of Human Genetics 20 (1): 20–31.

Blumenthal, J. A., P. J. Smith, and B. M. Hoffman. 2012. "Is Exercise a Viable Treatment for Depression?" ACSM's Health and Fitness Journal 16 (4): 14–21.

Boden, J. M., and D. M. Fergusson. 2011. "Alcohol and Depression." Addiction 106 (5): 906–914.

Booth, F. W., M. V. Chakravarthy, and E. E. Spangenburg. 2002. "Exercise and Gene Expression: Physiological Regulation of the Human Genome Through Physical Activity." Journal of Physiology 543 (pt. 2): 399–411.

Brooks, P. J. 1997. "DNA Damage, DNA Repair, and Alcohol Toxicity—A Review." Alcoholism: Clinical and Experimental Research 21 (6): 1073–1082.

Crippa J. A., A. W. Zuardi, R. Martín-Santos, S. Bhattacharyya, Z. Atakan, P. McGuire, and P. Fusar-Poli. 2009. "Cannabis and Anxiety: A Critical Review of the Evidence." Human Psychopharmacology 24 (7): 515–523.

Di Domenico, S. I., and R. M. Ryan. 2017. "The Emerging

Neuroscience of Intrinsic Motivation: A New Frontier in Self-Determination Research." Frontiers in Human Neuroscience 11: 145.

Emanuele, M. A., and N. V. Emanuele. 1998. "Alcohol's Effects on Male Reproduction." Alcohol Health and Research World 22 (3): 195–201.

Evans, R. L. 1971. Richard Evans' Quote Book: Selected from the "Spoken Word" and "Thought for the Day" and from Many Inspiring Thought-Provoking Sources from Many Centuries. Salt Lake City, UT: Publishers Press.

Fitzgerald, P. J. 2013. "Elevated Norepinephrine May Be a Unifying Etiological Factor in the Abuse of a Broad Range of Substances: Alcohol, Nicotine, Marijuana, Heroin, Cocaine, and Caffeine." Substance Abuse: Research and Treatment 7: 171–183.

Gaudiano, B. A. 2008. "Cognitive-Behavioural Therapies: Achievements and Challenges." Evidence-Based Mental Health 11 (1): 5–7.

Gjevestad, G. O., K. B. Holven, and S. M. Ulven. 2015. "Effects of Exercise on Gene Expression of Inflammatory Markers in Human Peripheral Blood Cells: A Systematic Review." Current Cardiovascular Risk Reports 9 (7): 34.

Gooley, J. J., K. Chamberlain, K. A. Smith, S. B. Khalsa, S. M. Rajaratnam, E. van Reen, J. M. Zeiter, C. A. Czeisler, and S. W. Lockley. 2011. "Exposure to Room Light Before Bedtime Suppresses Melatonin Onset and Shortens Melatonin Duration in Humans." Journal of Clinical Endocrinology and Metabolism 96 (3): E463–E472.

Grassian, S. 2006. "Psychiatric Effects of Solitary Confinement." Washington University Journal of Law and Policy 22 (1): 325–347.

Hill K., M. Barton, and A. M. Hurtado. 2009. "The Emergence of Human Uniqueness: Characters Underlying Behavioral Modernity." Evolutionary Anthropology 18 (5): 187–200.

Jenkins, T. A., J. C. Nguyen, K. E. Polglaze, and P. P. Bertrand. 2016. "Influence of Tryptophan and Serotonin on Mood and Cognition with a Possible Role of the Gut-Brain Axis." Nutrients 8 (1): E56.

Karlsson, H. 2011. "How Psychotherapy Changes the Brain." Psychiatric Times 28 (8): 8.

Kiser, D., B. Steemers, I. Branchi, and J. R. Homberg. 2012. "The Reciprocal Interaction Between Serotonin and Social Behaviour." Neuroscience and Biobehavioral Reviews 36 (2): 786–798.

Koob, G. F. 1996. "Hedonic Valence, Dopamine and Motivation." Molecular Psychiatry 1 (3): 186–189.

Leafscience. 2018. "Marijuana and Dopamine: What's the Link?" January 3, 2018. https://www.leafscience.com/2018/01/03/marijuana-dopamine-whats-link.

Lieberman, M. D. 2013. Social: Why Our Brains Are Wired to Connect. New York: Crown.

Lieberman, M. D. 2007. "Social Cognitive Neuroscience: A Review of Core Processes." Annual Review of Psychology 58: 259–289.

Lindhom, M. E., F. Marabita, D. Gomez-Cabrero, H. Rundqvist, T. J. Ekström, J. Tegnér, and C. J. Sundberg. 2014. "An Integrative Analysis Reveals Coordinated Reprogramming of the Epigenome and the Transcriptome in Human Skeletal Muscle After Training." Epigenetics 9 (12): 1557–1569.

Linköping Universitet. 2016. "Brain Volume Changes After Cognitive Behavioral Therapy." ScienceDaily. February 2, 2016. www.sciencedaily.com/releases/2016/02/160202185552.htm.

Ma, H., and G. Zhu. 2014. "The Dopamine System and Alcohol Dependence." Shanghai Archives of Psychiatry 26 (2): 61–68.

Nettleton, J. A., I. A. Brouwer, J. M. Geleijnse, and G. Hornstra. 2017. "Saturated Fat Consumption and Risk of Coronary

Heart Disease and Ischemic Stroke: A Science Update." Annals of Nutrition and Metabolism 70 (1): 26–33.

NH DHHS (New Hampshire Department of Health and Human Services). 2014. "How Much Sugar Do You Eat? You May Be Surprised!" Health Promotion in Motion. August 2014. https://www.dhhs.nh.gov/dphs/nhp/documents/sugar.pdf.

NIH (National Institutes of Health). 2013. "How Sleep Clears the Brain." NIH Research Matters. October 28, 2013. https://www.nih.gov/news-events/nih-research-matters/how-sleep-clears-brain.

NIMH (National Institute of Mental Health). 2017. "Major Depression Definitions." Updated November 2017. https://www.nimh.nih.gov/health/statistics/major-depression.shtml.

NIMH (National Institute of Mental Health). 2008. "Sequenced Treatment Alternatives to Relieve Depression (STAR*D) Study." https://www.nimh.nih.gov/funding/clinical-research/practical/stard/index.shtml.

Okamoto-Mizuno, K., and K. Mizuno. 2012. "Effects of Thermal Environment on Sleep and Circadian Rhythm." Journal of Physiological Anthropology 31 (1): 14.

Power, M. L., and J. Schulkin. 2009. The Evolution of Obesity. Baltimore: Johns Hopkins University Press.

Raposa, E. B., H. B. Laws, and E. B. Ansell. 2016. "Prosocial Behavior Mitigates the Negative Effects of Stress in Everyday Life." Clinical Psychological Science 4 (4): 691–698.

Rönn, T., P. Volkov, C. Davegårdh, T. Dayeh, E. Hall, A. H. Olsson et al. 2013. "A Six Months Exercise Intervention Influences the Genome-Wide DNA Methylation Pattern in Human Adipose Tissue." PLOS Genetics 9 (6): e1003572.

Sharma, S., and S. Fulton. 2013. "Diet-Induced Obesity Promotes Depressive-Like Behaviour That Is Associated with Neural Adaptations in Brain Reward Circuitry." International Journal of Obesity 37 (3): 382–389.

Shepard, R. F. 1979. "'Duke, an American Hero." New York Times, June 12. https://archive.nytimes.com/www.nytimes.com/learning/general/onthisday/bday/0526.html?mcubz=3.

Shilo, L., H. Sabbah, R. Hadari, S. Kovatz, U. Weinberg, S. Dolev, Y. Dagan, and L. Shenkman. 2002. "The Effects of Coffee Consumption on Sleep and Melatonin Secretion." Sleep Medicine 3 (3): 271–273.

Stein, M. D., and P. D. Friedmann. 2005. "Disturbed Sleep and Its Relationship to Alcohol Use." Substance Abuse 26 (1): 1–13.

Thorén, P., J. S. Floras, P. Hoffmann, and D. R. Seals. 1990. "Endorphins and Exercise: Physiological Mechanisms and

Clinical Implications." Medicine and Science in Sports and Exercise 22 (4): 417–428.

Werner, C., M. Hanhoun, T. Widmann, A. Kazakov, A. Semenov, J. Pöss et al. 2008. "Effects of Physical Exercise on Myocardial Telomere-Regulating Proteins, Survival Pathways, and Apoptosis." Journal of the American College of Cardiology 52 (6): 470–482.

World Hunger. 2015. "World Child Hunger Facts." Updated July 2015. https://www.worldhunger.org/world-child-hunger-facts.

Yang, A., Palmer, A., & de Wit, H. (2010). "Genetics of Caffeine Consumption and Responses to Caffeine. Psychopharmacology 211 (3): 245–257.

왜 그는 더 우울한 걸까?

조너스 A. 호위츠 지음
이수경 옮김

초판 1쇄 발행 2021년 11월 15일

발행 : 책사람집
디자인 : 오하라
표지 그림 : 이슬아
인쇄 및 제작 : (주)알래스카

ISBN 979-11-973295-5-5 03180
15,000원

책사람집
출판등록 : 2018년 2월 7일
(제 2018-000269호)
주소 : 서울시 마포구 토정로 53-13 3층
전화 : 070-5001-0881
이메일 : bookpeoplehouse@naver.com